POUR EXPLORER LA BIBLE

« Quand Moïse descendit de la montagne, tenant les deux Tables qu'il venait de recevoir, il vit le peuple dansant autour du veau d'or ; il jeta les Tables et les brisa aux yeux de tout le peuple. La pierre est brisée mais les Paroles sont vivantes. Moïse rapporta d'autres Tables ; elles ont aussi disparu, mais les Paroles n'ont pas péri. Elles sont encore là, frappant à nos portes comme pour nous supplier de les graver dans la Table de nos cœurs. »

Cette réflexion du philosophe Abraham Heschel (*Les Dix Paroles*) donne une idée de ce que la Bible représente pour un croyant. M[illegible] la Bible n'appartient pas qu'aux confessants [illegible] anisme. Elle est aussi un des chef[illegible] t parce qu'elle renferme plus [illegible] vécu des civilisations de la Pale[illegible] source irremplaçable pour qui dé[illegible]

Notre ouvrage voudrait f[illegible] lecteur qui souhaite prendre un [illegible] avec la Bible. Trois étapes ont été retenues. La première s'intéresse à la valeur littéraire de la Bible ; la deuxième met l'accent sur son caractère d'écrit religieux ; la troisième insiste sur les éléments culturels qu'elle véhicule. Chaque fois que cela s'impose, il sera fait état des convergences et des divergences d'interprétation entre le judaïsme et le christianisme. De même, d'autres traditions religieuses issues du monothéisme seront citées en temps utiles.

Avertissement

Les abréviations (par exemple, Gn pour « livre de la Genèse ») sont celles de la Traduction œcuménique de la Bible (TOB). On en trouve la table à la double page 10-11. Les passages bibliques cités dans cet « Essentiel Milan » sont empruntés à cette même TOB, tout comme la plupart des dates et des chronologies.

Religions et révélation

Juifs et chrétiens s'accordent à dire que les livres bibliques sont inspirés et ont Dieu pour auteur.

« La Révélation, c'est un Dire qui dessine, sans médiation, la droiture de la relation entre Dieu et l'homme. »
Emmanuel Lévinas (collectif), *La Révélation*.

Révélation et inspiration

Le verbe « révéler » vient du latin *velum*, le « voile », et signifie au sens étymologique « dévoiler ». Les religions dites « révélées » sont celles qui fondent leurs croyances* et leurs traditions sur des écrits dont l'origine est considérée comme surnaturelle ou divine. Dans ce contexte, la révélation* se comprend d'abord comme le phénomène par lequel des vérités engageant l'adhésion croyante sont livrées à la connaissance de personnes ou de groupes de façon surnaturelle. Le même terme est aussi employé pour désigner le contenu de ce qui est révélé, autrement dit le message des Écritures*. L'inspiration est l'impulsion divine par laquelle est communiquée la révélation. Elle est habituellement représentée comme une sorte de souffle, ou par l'Esprit saint*. L'inspiration désigne aussi l'état mystique* de l'écrivain sacré* qui reçoit une révélation.

Dieu manifeste sa présence à Moïse : épisode du buisson ardent.

Judaïsme et révélation

Selon la doctrine juive de la révélation, Dieu communique avec les hommes par les prophètes* et par son Esprit saint. Il manifeste à certaines occasions sa présence, appelée *chekhinah*, notamment dans des expériences de vision, ou sous forme d'une colonne de fumée (Deutéronome 31,15). C'est Dieu lui-même qui a dicté « ses décisions, ses sentences et ses lois » (Lévitique 26,46) à Moïse. Cette loi divine – ou *Torah* – lui a été révélée sous une double forme, l'une écrite, l'autre orale. La loi écrite est contenue dans la Bible hébraïque. La loi orale* forme

sources | texte | livres

le commentaire de la loi écrite, voulu et autorisé par Dieu. Tous les livres de la Bible hébraïque n'ont pas la même autorité au regard de leur statut d'écrit révélé. Seuls les livres du Pentateuque et les livres des prophètes sont censés contenir des révélations explicites de Dieu. Pour le judaïsme, l'activité prophétique s'achève avec la mort du dernier des prophètes, Malachie (v. 460-480 av. J.-C.). Des théologiens juifs admettent que les mots contenus dans la *Torah* ne sont pas d'origine divine, et que seul le message exprimé par ces mots est inspiré et révélé, et porte par conséquent la marque de l'autorité divine.

Christianisme et révélation

La conception chrétienne de la révélation est en partie héritée du judaïsme. Mais les chrétiens accordent aux livres du Nouveau Testament un niveau d'autorité au moins équivalent à celui des livres de la Bible hébraïque. Pour eux, la révélation ne consiste pas d'abord dans la transmission de vérités sur Dieu et sur l'homme. Le christianisme n'est pas une religion du livre, mais une religion d'une expérience spirituelle menée à partir du témoignage historique des disciples de Jésus de Nazareth. Ceux-ci ont reconnu en lui le verbe de Dieu incarné, c'est-à-dire la parole éternelle divine faite chair. Catholiques et protestants* considèrent que la révélation est close avec la rédaction du dernier livre du Nouveau Testament, au début du IIe siècle de notre ère. Mais la théologie* catholique envisage, de son côté, que Dieu continue de se communiquer à travers la tradition. L'Église catholique appelle tradition le processus ininterrompu de transmission de l'enseignement de Jésus et de ses disciples à chaque génération. Cette conception d'une tradition « inspirée » est rejetée par le protestantisme.

Religions révélées et livres sacrés

Le judaïsme, le christianisme, l'islam sont habituellement désignés comme les seules et uniques religions révélées. On oublie que l'hindouisme considère aussi une partie de ses Écritures, appelées le *shruti*, comme révélées.

« Bible » ou « bible » ?

Quand Bible désigne le livre sacré en tant que livre inspiré : « B » majuscule ; quand bible désigne un exemplaire de la Bible : « b » minuscule.

Islam et révélation

Les musulmans reconnaissent dans le Coran la parole immédiate de Dieu. Les versets du Coran ont été transmis mot à mot au prophète Muhammad sous la dictée de l'ange Gabriel.

Toutes les religions se réfèrent à des écrits sacrés. Elles leur accordent une autorité et une crédibilité absolues. Les religions dites révélées se distinguent par la croyance en une origine surnaturelle des vérités contenues dans leurs Écritures.

Le contexte politique, social et culturel

Le processus d'élaboration du texte de la Bible s'étend sur au moins dix siècles.

Étymologie

Bible vient du grec *biblion* (« livre »), lui-même dérivé de Byblos, nom d'un port phénicien où l'on traitait le papyrus.

La géographie et les ensembles culturels

Chacun des livres qui composent la Bible reflète la condition de vie et les préoccupations des peuples du Proche-Orient et des régions environnantes.
Les personnages et les groupes cités n'appartiennent pas à un ensemble politique, social, religieux et culturel monolithique ou uniforme. Bien au contraire.
Les Hébreux*, le groupe d'appartenance le plus caractéristique de la Bible, se présentent avec une personnalité et une identité en perpétuelle recomposition. Par les relations de voisinage, mais aussi en raison des conflits, des exodes, des exils ou bien encore du fait de l'occupation de leur pays par des nations étrangères, ils entrèrent en contact avec des personnages et des groupes en provenance de divers ensembles culturels, politiques ou religieux. D'autres types de liens se sont noués dans les localités du pourtour de la Méditerranée où se sont établies les communautés juives après l'exil à Babylone (587 av. J.-C.). Enfin, la Bible relate l'activité de prédication* et de propagation des messages religieux. Elle a été menée par les prophètes* ou les maîtres spirituels juifs et, avec l'avènement du christianisme, par Jésus et ses disciples. De nouvelles communautés sont apparues, formées à partir des convertis. Il en a résulté un brassage culturel et social considérable.

« Oralité »

Les auteurs sacrés n'ont consigné que ce qui pouvait devenir mémoire religieuse collective ; et la manière dont ils ont rédigé les écrits sacrés reflète à son tour le souci d'une mémorisation fidèle. La rhétorique biblique, c'est-à-dire la forme donnée aux textes en vue de leur transmission, ne se comprend que dans un régime de tradition orale.

Repères chronologiques

L'histoire du peuple hébreu commence en Mésopotamie et en pays araméen. C'est l'époque des patriarches* (v. 1850 av. J.-C.). Elle se poursuit en Canaan*, puis en Égypte. Après l'exode d'Égypte (v. 1250 av. J.-C.), les Hébreux se sédentarisent en terre de Canaan. À la mort du roi Salomon, les tribus du Nord se révoltent et se séparent du Sud (933 av. J.-C.). Le royaume du Nord subit l'invasion des Assyriens (721 av. J.-C.) et celui du Sud tombe sous les coups des Babyloniens (587 av. J.-C.). Les prophètes (IXe-Ve siècle av. J.-C.) tentent de réveiller la conscience religieuse d'Israël, qui connaît l'épreuve de l'exil à Babylone (587-538 av. J.-C.). De retour d'exil, les Israélites doivent accepter successivement la domination des Perses (538-333 av. J.-C.), des Grecs (333-63 av. J.-C.) et, enfin, des Romains (à partir de 63 av. J.-C.). Dans l'intervalle, le phénomène de dispersion de la communauté juive s'est accentué, aboutissant à la constitution d'une importante diaspora*. La vie de Jésus (v. 7-6 av. J.-C.-30 apr. J.-C.) se déroule dans l'espace restreint de la Palestine*, avec quelques séjours dans les régions limitrophes. Quant aux récits consignés dans les Actes des apôtres*, ils décrivent la progression de la prédication chrétienne en Asie Mineure et en Europe méridionale (à partir de l'an 30).

Le prophète Élie.

Les institutions

Au commencement était la tradition* orale. À la source des récits bibliques, il n'y a pas de documents écrits, mais une histoire orale. Pour comprendre la Bible, il faudrait, avant de la lire, l'écouter comme on écoute une histoire.

Au cœur des institutions de l'Israël biblique figurent le Temple de Jérusalem, la sacralisation du temps et de l'espace par les fêtes et les rites*, l'étude et la transmission de la Loi. Après la destruction du Temple en 70 apr. J.-C., la synagogue* devient le pôle des activités religieuses. Trois institutions caractérisent le christianisme naissant : la mission confiée aux apôtres et à leurs successeurs de prêcher l'Évangile, les rites communautaires du baptême et de l'Eucharistie, et l'organisation de la charité.

> Quoique l'influence de la culture sémitique soit prépondérante dans les écrits bibliques, l'empreinte du monde perse, de la culture grecque et de l'hellénisme y est notoire.

La fixation du canon de la Bible

Tous les textes religieux de l'époque biblique n'ont pas été conservés, d'autres n'ont pas pris place dans les recensions de la Bible.

La formation du canon hébraïque

Les livres de la littérature ancienne d'Israël ne nous sont pas tous parvenus. Certains d'entre eux jouissaient d'une autorité certaine, sans pour autant faire partie du canon* de la Bible hébraïque. Plusieurs sont cités dans la Bible : le Livre des guerres du Seigneur (Nb 21,14), le Livre de Yachar (Jos 10, 13), les Chroniques des rois d'Israël et de Juda (1 R 14,19-29).

Dans un premier temps, les recueils de prières en usage dans le Temple, ainsi que les codes de lois religieuses ou les récits ayant trait au passé des Hébreux* et d'Israël ont fait l'objet d'une grande vénération. À l'époque du premier Temple (960-586 av. J.-C.), ces textes, reçus comme révélés par Dieu à Moïse, ont été regroupés pour former le Pentateuque. Le canon de ces textes est institué dès le IVe siècle av. J.-C.

Dans un deuxième temps, on a réuni les écrits contenant le message des prophètes*. Leur nombre est définitivement stabilisé vers le début du IIe siècle av. J.-C.

Il restait par la suite à s'entendre sur l'inspiration* divine des autres écrits, rassemblés dans un troisième groupe, les Hagiographes. À ce propos, la question de l'inspiration divine du livre des Proverbes, de l'Ecclésiaste, du Cantique des cantiques et du livre d'Esther, ainsi que des livres appelés deutérocanoniques par les auteurs chrétiens suscita des controverses. L'assemblée rabbinique tenue à Yavneh (ou Jamnia) en 98 apr. J.-C. a tenté de mettre un terme à ces débats. C'est vers l'an 200, à Tibériade, qu'un accord global règle la liste officielle des Hagiographes dans le judaïsme.

Canon

« Canon » vient du grec *kanôn*, « règle ». Dans le vocabulaire des sciences bibliques, ce terme désigne l'ensemble des livres admis comme divinement inspirés ou révélés et intégrés de façon définitive dans la liste des écrits formant la Bible. Ces écrits sont dits « canoniques ».

La formation du canon chrétien des Écritures

À l'époque où les 27 livres du Nouveau Testament (NT) sont composés, on ne parle pas encore, à leur sujet, d'Écritures* ou d'Écritures saintes, expression réservée jusque-là aux seuls écrits de l'Ancien Testament (AT). L'élaboration du canon du Nouveau Testament s'échelonne sur plusieurs siècles. Elle ne s'est pas opérée par addition de nouveaux écrits, mais par élimination. Le critère retenu a été celui du lien de ces écrits avec les témoins oculaires de la prédication* de Jésus. Or ces témoins sont d'abord les apôtres*. Seuls ont été déclarés canoniques les écrits dont la tradition* remonte à un apôtre ou à un disciple direct d'un apôtre.

Les premières listes officielles de livres du NT datent de la fin du IIe siècle. Elles figurent notamment dans le canon découvert à Milan par le bibliothécaire Muratori (XVIIIe siècle). Des hésitations ont subsisté quelque temps à propos de la canonicité de : l'Épître aux Hébreux, la Lettre de Jacques, la seconde Lettre de Pierre, la deuxième et la troisième Lettre de Jean, la Lettre de Jude et l'Apocalypse. C'est aux conciles* de Rome (382), d'Hippone (393) et de Carthage (397-419) qu'apparaissent les premières listes complètes des écrits formant le NT. Mais il faut attendre le concile de Trente, en 1545-1549, pour voir l'Église catholique publier la liste complète et définitive des livres bibliques qu'elle considère comme inspirés. Cette liste reproduit en fait la classification adoptée par la Vulgate* latine. Dans la même décennie, les réformateurs protestants* écartent du canon biblique les écrits deutérocanoniques. Quant aux Églises orthodoxes* d'Orient, elles fixent leur propre canon de la Bible au synode* de Jérusalem en 1672. Il ne diffère pratiquement pas du canon catholique.

Livres protocanoniques et deutérocanoniques

Les livres dont le caractère inspiré a été spontanément reconnu, sans la moindre réserve, sont dits protocanoniques. Les écrits dont la canonicité ne fut unanimement admise que sur le tard sont dits deutérocanoniques (littéralement, « du deuxième canon »). Ce sont les écrits de l'AT non inclus dans la Bible hébraïque. Les Églises protestantes les appellent « apocryphes » et ne les considèrent pas comme inspirés.

Dans le judaïsme comme dans le christianisme, la fixation de la liste officielle des livres et des écrits composant la Bible s'est faite par étapes. Elle a occasionné des débats passionnés.

Les livres canoniques de la Bible

Bible ouverte : pages du Nouveau Testament.

Aujourd'hui, il y a consensus à l'intérieur des principales branches du judaïsme et du christianisme à propos de la fixation du canon des écrits bibliques.

Le canon de la Bible hébraïque (39 livres)

Les sigles notés entre parenthèses sont les abréviations de la TOB : Genèse (Gn), Exode (Ex), Lévitique (Lv), Nombres (Nb), Deutéronome (Dt), Josué (Jos), Juges (Jg), 1 Samuel (1 S) et 2 Samuel (2 S), 1 Rois (1 R) et 2 Rois (2 R), Isaïe (Is), Jérémie (Jr), Ézéchiel (Ez), Osée (Os), Joël (Jl), Amos (Am), Abdias (Ab), Jonas (Jon), Michée (Mi), Nahoum (Na), Habaquq (Ha), Sophonie (So), Aggée (Ag), Zacharie (Za), Malachie (Ml), Psaumes* (Ps), Proverbes (Pr), Job (Jb), Cantique des cantiques (Ct), Ruth (Rt), Lamentations (Lm), Qohélet (Qo, ou Ecclésiaste), Esther (Est), Daniel (Dn), Esdras (Esd), Néhémie (Ne), 1 Chroniques (1 Ch), 2 Chroniques (2 Ch).
Certaines versions hébraïques regroupent plusieurs livres pour parvenir à une bible en 24 livres.

Les canons de l'Ancien Testament dans les bibles chrétiennes

Les bibles catholiques (46 livres) adoptent cet ordre (en italique : les livres deutérocanoniques) : Gn, Ex, Lv, Nb, Dt, Jos, Jg, Rt, 1 S et 2 S, 1 R et 2 R, 1 Ch et 2 Ch, *Esdras* (Esd), Ne, *Tobit* (Tb), *Judith* (Jdt), Est (incluant *le complément grec à Esther* : *Est gr.*), *1er Maccabées* (1 M), *2e Maccabées* (2 M), Jb, Ps, Pr, Qo, Ct, *Sagesse* (Sg), *Siracide* (Si), Is, Jr, Lm, *Baruch* (Ba) incluant la *Lettre de Jérémie* (Lt-Jr), Ez, Dn, Os, Jl, Am, Ab, Jon, Mi, Na, Ha, So, Ag, Za, Ml.

Les bibles protestantes (39 livres) suivent cet ordre : Gn, Ex, Lv, Nb, Dt, Jos, Jg, Rt, 1 S et 2 S, 1 R et 2 R, 1 Ch et 2 Ch, Esd, Ne, Est, Jb, Ps, Pr, Qo, Ct, Es (Isaïe), Jr, Lm, Ez, Dn, Os, Jl, Am, Ab, Jon, Mi, Na, Ha, So, Ag, Za, Ml.

Le canon du Nouveau Testament (27 livres)

Il est commun à toutes les bibles chrétiennes, dans cet ordre : évangiles de Matthieu (Mt), Marc (Mc), Luc (Lc) et Jean (Jn) ; les Actes des apôtres (Ac) ; les Lettres : aux Romains (Rm), 1re aux Corinthiens (1 Co) et 2e aux Corinthiens (2 Co), aux Galates (Ga), aux Éphésiens (Ep), aux Philippiens (Ph), aux Colossiens (Col), 1re aux Thessaloniciens (1 Th), 2e aux Thessaloniciens (2 Th), 1re à Timothée (1 Tm), 2e à Timothée (2 Tm), à Tite (Tt), à Philémon (Phm), aux Hébreux (He), à Jacques (Jc), 1re à Pierre (1 P), 2e à Pierre (2 P), 1re à Jean (1 Jn), 2e à Jean (2 Jn), 3e à Jean (3 Jn), à Jude (Jude) ; l'Apocalypse (Ap).

Les livres deutérocanoniques de l'Ancien Testament

La liste des livres deutérocanoniques intégrés dans les bibles catholiques et orthodoxes*, et exclus des éditions protestantes de la Bible sont : les ajouts grecs à Esther grec (Est gr. ; qui sont, dans la Bible de Jérusalem : Est 3,13a-g ; 4,8a-b ; 4,17a-i ; 4,17k-z ; 5,1a-f ; 5,2a-b ; 8,12a-x ; 9,19a ; 10,3a-l) ; Judith (Jdt) ; Tobit (Tb) ; 1 Maccabées (1 M) ; 2 Maccabées (2 M) ; Sagesse (Sg) ; Siracide (Si) ; Baruch (Ba) ; la Lettre de Jérémie (Lt-Jr ; Baruch 6 dans la Vulgate* et la Bible de Jérusalem) ; les ajouts grecs à Daniel (Dn-gr 3,24 ; 3,25-45 ; 3,46-50 ; 3,51-90 ; 13 ; 14).

Les deutérocanoniques du Nouveau Testament

Les écrits du Nouveau Testament inclus tardivement dans le canon* de la Bible, c'est-à-dire entre la fin du IIe siècle et le IIIe siècle, sont parfois appelés « deutérocanoniques du Nouveau Testament ». Ce sont : l'Épître aux Hébreux, la Lettre de Jacques, la seconde Lettre de Pierre, la deuxième et la troisième Lettre de Jean, la Lettre de Jude et l'Apocalypse.

La TOB et les deutérocanoniques

Les traductions œcuméniques de la Bible comme la TOB ou la Bible en français courant ont regroupé les écrits deutérocanoniques dans une section unique, placée à la fin des 39 livres de la Bible hébraïque.

La liste des écrits canoniques de la Bible varie d'une tradition religieuse à l'autre. L'habitude a été prise de faire la distinction entre écrits canoniques et écrits deutérocanoniques.

Les apocryphes

La plupart des écrits écartés au moment de l'établissement du canon de la Bible ont été identifiés. On les appelle les apocryphes.

Qu'est-ce qu'un apocryphe ?

Apocryphe veut dire, à l'origine, « caché », « secret ». Le mot vient en effet du verbe grec *kryptein*, « cacher ». Dans le vocabulaire des sciences bibliques, le même terme désigne trois catégories d'écrits bien distincts : écrits des gnostiques, considérés comme hérétiques par l'Église ; écrits apparentés au genre biblique mais falsifiés, ou attribués fictivement à un auteur biblique connu (on les appelle alors « pseudépigraphes ») ; écrits figurant dans les versions grecques de la Bible, et que les rabbins* n'ont pas conservés dans la Bible hébraïque, ni les protestants* dans les bibles chrétiennes (on les appelle aussi « deutérocanoniques »).

Les apocryphes dans le judaïsme

Le judaïsme nomme apocryphes deux types de textes : les écrits appelés « deutérocanoniques » dans les bibles chrétiennes, mais exclus du canon* hébraïque de la Bible par les rabbins, et les pseudépigraphes.

Dans le premier groupe, figurent les ajouts grecs à Esther et à Daniel, Judith, Tobit, le 1er et le 2e livre des Maccabées, le livre de la Sagesse, le Siracide (ou Ecclésiastique), Baruch, la Lettre de Jérémie.

Le second groupe comprend des écrits narratifs* ou biographiques : le 3e livre d'Esdras, le 3e livre des Maccabées, le livre des Jubilés, le Martyre et l'Ascension d'Isaïe, la Lettre d'Aristée, l'Apocalypse de Moïse, la Vie d'Adam et Ève, des textes de sagesse et poétiques (le 4e livre des Maccabées, les 18 Psaumes* de Salomon, les Odes de Salomon), et enfin des apocalypses (le 1er et le 2e livre d'Enoch, les testaments des 12 patriarches*, les Oracles* sibyllins, le 2e livre de Baruch, le 4e livre d'Esdras).

La rédaction de ces deux groupes d'écrits couvre approximativement la période du second Temple

La gnose

La gnose (du grec *gnôsis*, « connaissance ») est un courant philosophique et religieux né au Ier siècle de notre ère. Les gnostiques adoptent une conception du monde marquée par le dualisme, où s'affrontent les forces du bien et du mal. L'évangile de Jean a subi l'influence gnostique, tout comme beaucoup d'écrits apocryphes, en particulier l'évangile de Thomas.

de Jérusalem (entre 515 av. J.-C. et 70 apr. J.-C.). Ces écrits, rédigés à l'origine en hébreu*, en araméen* ou en grec, proviennent de Palestine* et d'Égypte. Une analyse de contenu de ces apocryphes permet d'établir qu'ils sont largement tributaires de la philosophie et des mythologies perses et grecques. Grâce aux découvertes de collections ou des fragments d'apocryphes faites au XIXe (au Caire) et au XXe siècle (Nag Hammadi, Qumrân*), on connaît mieux aujourd'hui la teneur de ces écrits.

Intertestament

Les « écrits intertestamentaires » sont, entre autres, les textes découverts à Qumrân, les traditions orales des pharisiens, et les écrits attribués à Flavius Joseph et à Philon. La plupart des écrits intertestamentaires sont à classer parmi le genre des apocryphes.

Les apocryphes du Nouveau Testament

Les exégètes* et les historiens appellent « apocryphes du Nouveau Testament » des ouvrages tardifs (IIe-VIe siècle), faisant une large place au merveilleux, imprégnés de gnose, et destinés la plupart du temps à fonder l'autorité des divers courants marginaux ou dissidents du début du christianisme. Ces écrits comprennent des textes apparentés au genre des évangiles (le protévangile de Jacques, l'évangile de Pierre, l'évangile arabe de l'enfance, l'Épître des apôtres, l'histoire de Joseph, les mémoires de Nicodème, le cycle de la dormition de Marie, l'évangile de Thomas, l'évangile copte de Thomas), ou au genre des Actes des apôtres (les Actes de Jean, de Paul, d'André, de Pierre, de Thomas), ou des lettres (Lettres échangées entre Paul et Sénèque, Jésus et Abgar, Lettres apocryphes de Paul) et enfin des apocalypses (de Pierre, de Paul, de Philippe, de Thomas, d'Étienne, de la Vierge Marie).

Apocalypses

Apocalypse vient du grec *apokalypsis*, « révélation », « dévoilement ». La littérature apocalyptique d'inspiration juive ou chrétienne a été produite entre le IIIe siècle av. J.-C. et le IIe siècle apr. J.-C. Les écrits apocalyptiques se présentent sous forme de visions, où les symboles et les mythes tiennent une grande place. La Bible contient deux écrits du genre apocalyptique : le livre de Daniel et l'Apocalypse de Jean.

Apparentés à la littérature biblique, les apocryphes sont des livres exclus du canon des bibles hébraïques ou chrétiennes en raison de leurs liens prononcés avec des courants de pensée jugés incompatibles avec les croyances juives ou chrétiennes.

Les manuscrits

Où est l'original ? Les textes bibliques que nous connaissons actuellement ne sont que des copies de copies. Et pourtant, de tous les écrits de l'Antiquité, la Bible est le seul dont les manuscrits découverts à ce jour soient aussi proches de l'original.

Quatre découvertes majeures

En 1896, ont été découverts au Caire 200 000 fragments de textes hébraïques, dont une copie du livre du Siracide, datée du VIe-VIIe siècle. Les manuscrits découverts en 1947 dans le désert de Judée apportent une contribution capitale à l'étude du judaïsme de l'époque du second Temple (515 av. J.-C. à 70 apr. J.-C.). Ils ont été trouvés à Qumrân, à Massada, dans le *wâdi* Murabba'ât, Khirbat Mir et En-Guedi à l'ouest de la mer Morte, où étaient établies des communautés d'Esséniens. Parmi les manuscrits, se trouvent des écrits bibliques en hébreu, dont un rouleau entier d'Isaïe, et des fragments d'écrits apocryphes (Hénoch, Tobit, Siracide).

La classification des documents

On appelle témoins toutes les copies, documents ou textes de tout ou partie de la Bible antérieurs à l'imprimerie (la Bible de Gutenberg est imprimée vers 1454-1456). Ils se répartissent en trois catégories :
– les manuscrits qui reproduisent en onciales (majuscules) ou en minuscules une section ou l'ensemble de la Bible ;
– les citations d'un passage biblique reprises dans un écrit du judaïsme rabbinique ou mentionnées par les auteurs chrétiens des premiers siècles ;
– les versions, ou traductions anciennes de la Bible dans d'autres langues que l'hébreu* ou le grec.
Les supports matériels des textes manuscrits sont soit des *ostraka* (tablettes de bois ou de cire, tessons), des papyrus (supports obtenus à partir de fibres de roseaux, entre le VIIe siècle av. J.-C. et le Ve siècle apr. J.-C.), des parchemins (peaux d'animaux, surtout entre le IIIe siècle av. J.-C. et le XIVe siècle apr. J.-C.). Quant au papier, importé de Chine par les Arabes, il apparaît vers le IXe siècle apr. J.-C.
La lecture des textes bibliques au cours des offices* célébrés à la synagogue* ou à l'église a occasionné la diffusion de recueils adaptés aux pratiques liturgiques. C'est ainsi que se sont multipliés les lectionnaires (*voir* pp. 52-53) manuscrits, dès le IVe siècle, et jusqu'au XVIIIe siècle.

Les manuscrits hébreux*

Les plus anciens témoins de la Bible hébraïque découverts à ce jour sont : le papyrus de Nash, découvert au Caire (daté de 150 av. J.-C.) ; un rouleau du prophète* Isaïe, trouvé à Qumrân* (v. 125 av. J.-C.) ; un rouleau découvert à Murabba'ât (IIe siècle apr. J.-C.) et de

Reconstitution de manuscrits à partir de fragments découverts sur le site de Qumrân.

nombreux fragments mis au jour dans la Genizah du Caire (datés des VIe et VIIe siècles). Bon nombre de manuscrits anciens ont été éliminés par les massorètes*, ou spécialistes de la massore. L'activité des massorètes couvre la période du VIe au Xe siècle. Les manuscrits de cette période ayant le plus d'autorité sont le manuscrit du Caire (895), le manuscrit d'Alep (le *Kèter Aram Tsova*, daté de 930), et le manuscrit de Leningrad (1009) contenant toute la Bible hébraïque.

Les manuscrits grecs

Quatre manuscrits célèbres contiennent la quasi-totalité ou d'importantes sections de l'Ancien et du Nouveau Testament en langue grecque : le *Sinaïticus* (daté du IVe siècle), le *Vaticanus* (IVe siècle), l'*Alexandrinus* (daté du début du Ve siècle) et le *Codex Ephraemi rescriptus* (daté du début du Ve siècle).
On répertorie aujourd'hui environ 5 300 manuscrits grecs du Nouveau Testament. Le plus ancien papyrus contenant un fragment du NT est le papyrus Ryland. Découvert en 1935, il contient un passage de l'évangile de Jean (18,31-33.37-38) et date des années 125-130, soit quarante ans à peine après la rédaction de cet évangile. Le *Sinaïticus*, le *Vaticanus* et l'*Alexandrinus* contiennent les témoins les plus anciens du texte de l'ensemble du NT, mais avec de nombreuses lacunes. Trois manuscrits ont une grande importance pour la connaissance du texte des évangiles : le Codex de Bèze (IVe-Ve siècle), le Codex de Freer (Ve siècle) et le Koridethi (VIIIe siècle). Les manuscrits du NT ont été regroupés en quatre familles : le texte alexandrin, le texte occidental, le texte césaréen et le texte byzantin.

Rouleaux et codex

La forme la plus ancienne des livres bibliques est le rouleau (*megillah* en hébreu ; au pluriel, *megillot*). À la fin du Ier siècle, commencent à se répandre les codex, qui sont des feuilles de papyrus ou de parchemin pliées et cousues pour former ensemble des cahiers.

Dans leur grande majorité, et hormis l'hypothèse de nouvelles découvertes scientifiques ou archéologiques, la plupart des variantes* du texte biblique sont identifiées à ce jour et mises à la disposition des chercheurs.

La langue, le texte et les versions

Les éditions courantes de la Bible en usage dans le judaïsme et le christianisme sont-elles fiables, malgré la succession ininterrompue d'interventions sur le texte ?

Les langues bibliques originelles

Les livres de la Bible hébraïque officielle ont été écrits et conservés en hébreu*. La seule exception concerne Jr 10,11 ; Dn 2,4b-7,28 ; Esd 4,8-6,18 ; Esd 7,12-26 rédigés en araméen*. L'hébreu, considéré comme langue sacrée* par la tradition juive, est une langue sémitique. L'un des plus anciens textes bibliques en hébreu est le cantique de Déborah, inséré en Juges 5. L'hébreu biblique est apparu sous le règne de Salomon (970-931 av. J.-C.). Mais il n'était plus parlé au-delà du Ve siècle av. J.-C. L'araméen était la langue diplomatique et commerciale du Proche-Orient. Il avait supplanté l'hébreu chez les juifs déportés à Babylone. Le Nouveau Testament (NT) est écrit dans son intégralité en grec. Le grec du NT est dérivé de la langue grecque commune, ou *koinê*, parlée à l'époque hellénistique et aux premiers siècles de l'Empire romain. Il a subi des influences araméennes et hébraïques. Les juifs lettrés de Palestine* et de la diaspora* parlaient le grec de la *koinê*. L'hébreu biblique, l'araméen biblique et le grec du NT ne sont plus parlés aujourd'hui. Ils sont relégués au rang de langues liturgiques.

Les textes reçus

Le texte reçu de la Bible hébraïque est le *Diqdouqé ha-teamim*, fixé par Aaron ben Acher en 930, de l'école des massorètes* de Tibériade. Le texte reçu des bibles catholiques suit fidèlement la Vulgate latine de saint Jérôme, tandis que les bibles protestantes s'inspirent des versions allemandes (Bible de Luther, dès 1522 pour le NT et 1534 pour l'AT ; Bible de Zwingli, en 1524) ou françaises (Bible de Pierre Robert Olivetan, dès 1535) et anglaises (Bible de Coverdale, en 1539) des premiers réformateurs.

Les altérations et les variantes

Des altérations se sont produites en raison des erreurs commises par les copistes, ou du fait de modifications intentionnelles apportées au moment des recensions. On appelle recension une révision complète de l'ensemble du texte biblique entreprise par un auteur ou une école de pensée théologique en vue d'établir un texte de référence. Les auteurs des recensions ont parfois supprimé des variantes* ou des leçons intéressantes. Comme tout texte ancien, le texte biblique se présente avec des lieux variants, c'est-à-dire des parties attestées et transmises sous plusieurs formes. Chaque forme s'appelle variante ou leçon.

Les versions

Une version est une traduction du texte biblique dans une langue différente de la langue originale, c'est-à-dire de l'hébreu pour la Bible hébraïque ou du grec pour le NT. On classe dans le groupe des versions anciennes de la Bible les traductions antérieures à l'an 1000, effectuées en plus de 20 langues différentes : en grec (la Septante*, les versions d'Aquila, de Théodotion, de Symniaque), en araméen (les *targums*), en latin (principalement la Vieille latine et la Vulgate* de saint Jérôme), en syriaque, en copte, en éthiopien, en arabe…

La Septante (LXX)

La Septante – en abrégé LXX – est la première traduction en grec de la Bible hébraïque, réalisée entre 285 et 150 av. J.-C. dans les milieux juifs hellénisés d'Alexandrie par 72 rabbins (d'où « Septante »), délégués par chaque tribu d'Israël à raison de 6 par tribu.

Les éditions et versions modernes

La systématisation de l'imprimerie aux XVIe et XVIIe siècles oblige les éditeurs à opérer une sélection des meilleures versions de la Bible et de son texte. C'est alors que s'impose la notion de « texte reçu », ou texte biblique devenu courant dans la liturgie* et l'enseignement religieux. À l'heure actuelle, on parle du texte standard de la Bible, qui est obtenu à partir des versions hébraïques et grecques les plus autorisées, révisées par les exégètes*.

La première Bible hébraïque imprimée est la Bible de Soncino (1488). La version standard actuelle est celle de la *Biblia Hebraïca Stuttgartensia* (publiée à Stuttgart à partir de 1967). La première Bible chrétienne imprimée est la Bible dite « à 42 lignes », attribuée à Gutenberg (vers 1454-1456). La version standard du NT en grec a été établie par Nestlé et Aland (*Novum Testamentum Graece*, 1952). Elle suit le texte grec de tradition alexandrine.

La Vulgate

La Vulgate (du latin *textus vulgatus*, « texte répandu ») est la traduction latine de la Bible entreprise par saint Jérôme entre 390 et 405. Elle est devenue la version officielle de la Bible catholique, reconnue authentique au concile de Trente (1546).

Le texte de la Bible a été transmis par les collections de manuscrits, les versions, et les éditions.

Structure du texte et composition

Pour aider le lecteur à s'orienter, les éditeurs ont accompagné le texte biblique d'annotations.

La division en chapitres et en versets

Toutes les éditions modernes de la Bible adoptent un système identique de division du texte en livres, en chapitres et en versets. Le verset est la plus petite division textuelle. Son étendue oscille entre une et deux phrases au maximum. Le découpage en chapitres remonte à Étienne Langton. Il l'appliqua au texte de la Vulgate* en l'an 1203. La division en versets est connue des bibles hébraïques et des manuscrits du Nouveau Testament dès le IVe siècle. L'attribution d'une numérotation des chapitres et des versets de la Bible intervient plus tard, en 1551. Elle est due à Robert Estienne.

Les découpages liturgiques

Afin de répondre aux impératifs de la lecture des passages bibliques aux offices* selon le calendrier propre à chaque rite*, les bibles hébraïques et chrétiennes ont adopté une division du texte en unités littéraires liturgiques. Ainsi, le Pentateuque des juifs séfarades (juifs de la Méditerranée du Sud, descendants des communautés du Portugal et d'Espagne) compte 54 subdivisions appelées *parachiyyot* ou *sedarot* suivant les traditions, ce qui permet une lecture répartie sur un cycle annuel. Chaque section est nommée par les premiers mots du texte. Ainsi *beréchit* (« au commencement ») désigne la section Genèse 1,1-6,8.

Annotations

Les éditions modernes de la Bible dites d'étude comportent des annotations complémentaires placées en marge ou en bas du texte. Elles contiennent des indications utiles pour la compréhension du texte : la mention des passages parallèles, l'établissement des variantes selon les manuscrits, les recensions et les versions, l'apport des sciences du langage, de la critique textuelle et de la théologie.

Les unités textuelles des exégètes

Les exégètes* ont introduit un autre type de découpage du texte en petites unités littéraires isolables. Il s'agit de la péricope*, caractérisée par l'homogénéité de sa composition littéraire et de son contenu. Son étendue dépasse rarement la longueur d'un chapitre.

La manière de citer un passage de la Bible

Les livres bibliques sont cités à l'aide d'abréviations. Le système utilisé ici est emprunté à la TOB (*voir* pp. 10-11). Par exemple, Gn désigne le livre de la Genèse, Jn l'évangile de Jean. Pour citer l'Ancien Testament et le Nouveau Testament, on utilise les abréviations AT et NT. La numérotation des chapitres et des versets est mentionnée en indice dans le texte des éditions de la Bible. Voici comment on cite :

– un verset : Mt 14,3 renvoie au verset 3 du chapitre 14 de l'évangile de Matthieu ;

– plusieurs versets : Dt 19,1.3 renvoie aux versets 1 et 3 du chapitre 19 du livre du Deutéronome ;

– une section d'un même chapitre : Jr 31,7-9 renvoie aux versets 7 à 9 inclus du chapitre 31 du livre de Jérémie ;

– un chapitre : Ap 3 renvoie à l'intégralité du chapitre 3 de l'Apocalypse ;

– une section répartie sur plusieurs chapitres : Is 56, 9-58,14 renvoie à la section qui s'étend du verset 9 du chapitre 56 au verset 14 du chapitre 58 du livre d'Isaïe inclus ;

– une section répartie sur plusieurs chapitres entiers : 1 Ch 25-27 renvoie aux chapitres 25 à 27 du premier livre des Chroniques, *in extenso*.

La composition littéraire

Comme tout écrit, la Bible use de la typologie de la composition littéraire : textes poétiques, explicatifs, narratifs, argumentatifs, injonctifs, descriptifs.
Elle emploie également les procédés du parallélisme, de la métaphore, de l'allégorie. Mais d'une manière générale, tous ces procédés de langage, de style et de composition sont, dans la Bible, au service des sept registres caractéristiques des écrits sacrés* : la consignation des révélations*, l'édification de la mémoire religieuse, l'exercice du culte, la définition des doctrines et des croyances*, la fixation des codes religieux, l'établissement des principes moraux, la prédication* et la transmission des valeurs spirituelles.

La lecture du texte biblique est facilitée par la division du texte en chapitres et en versets. D'autres découpages existent, en fonction de l'usage liturgique de la Bible ou des besoins de la critique textuelle.

La Bible hébraïque et l'Ancien Testament

L'Ancien Testament n'est pas la Bible des juifs. La Bible des juifs est la Bible hébraïque.

La Bible hébraïque

La Bible hébraïque est couramment appelée *Tanakh*, terme acronyme formé des initiales des trois sections de cette Bible : *Torah* (Pentateuque), *Neviim* (Prophètes), *Ketouvim* (Hagiographes).
La *Torah* est distribuée en 5 livres : Genèse, Exode, Lévitique, Nombres, Deutéronome. Les *Neviim* sont subdivisés en deux sections : les premiers prophètes* (Josué, Juges, 1 Samuel et 2 Samuel, 1 Rois, 2 Rois) et les prophètes postérieurs, eux-mêmes répartis en grands prophètes (Isaïe, Jérémie, Ézéchiel) et en petits prophètes (Osée, Joël, Amos, Abdias, Jonas, Michée, Nahoum, Habaquq, Sophonie, Aggée, Zacharie, Malachie). Les *Ketouvim* regroupent tous les autres écrits : Psaumes*, Proverbes, Job, Cantique des cantiques, Ruth, Lamentations, Qohélet (ou Ecclésiaste), Esther, Daniel, Esdras, Néhémie, 1 Chroniques, 2 Chroniques. Cinq de ces livres sont appelés les Cinq Rouleaux : Ct, Rt, Lm, Qo et Est.
Au total, la Bible hébraïque compte 39 livres, écrits en hébreu* à l'exception de quelques passages araméens*.

Rouleau de la *Torah* conservé dans la synagogue principale de Jérusalem.

L'Ancien Testament

Il représente la première partie des bibles chrétiennes. L'Ancien Testament comprenait d'abord les livres contenus dans la version de la Septante* de la Bible hébraïque. Par la suite, et jusqu'à la Réforme* (XVIe siècle), la version canonique de l'AT était la Vulgate*, formée de la traduction latine des livres de la Septante, au nombre de 46. À partir de la Réforme, les versions protestantes ont exclu du canon* biblique les livres et passages deutérocanoniques.

sources texte livres

Les chrétiens et l'AT

Les chrétiens s'interdisent en principe de considérer l'AT et le NT comme deux sources discontinues. Pour eux, il n'existe aucune rupture entre l'AT et le NT. Ils ont en propre de lire l'AT à la lumière de l'événement que représente la résurrection de Jésus et d'interpréter les prophéties bibliques selon les catégories propres à Jésus, à ses disciples et à saint Paul.

Les bibles catholiques et orthodoxes divisent l'AT en quatre sections : le Pentateuque (Gn, Ex, Lv, Nb, Dt), les livres historiques (Jos, Jg, Rt, 1 S et 2 S, 1 R et 2 R, 1 Ch et 2 Ch, Esd, Ne, Tb, Jdt, Est, 1 M et 2 M), les livres poétiques et sapientiaux (Jb, Ps, Pr, Qo, Ct, Sg, Si), les livres prophétiques (Is, Jr, Lm, Ba, Ez, Dn, Os, Jl, Am, Ab, Jon, Mi, Na, Ha, So, Ag, Za, Ml). La division adoptée par les bibles protestantes en est proche, en sachant que les écrits deutérocanoniques n'y sont pas inclus : Pentateuque, livres historiques, livres poétiques, livres prophétiques.

« Ancien Testament » ou « première alliance » ?

Le terme « testament » est la transcription du latin *testamentum*. Or, dans les bibles chrétiennes latines primitives, *testamentum* est utilisé pour traduire le grec *diathêkê*, lequel est lui-même employé pour traduire quatre mots hébreux : *berit* (« alliance »), *Torah* (« loi »), *hôq* (« décret ») et *dabar* (« parole »). On est loin de « testament » ! Alliance est préférable à testament.

Contenu

La Bible hébraïque relate et interprète l'histoire des origines du peuple hébreu jusqu'à la fin du cycle prophétique. Les faits qu'elle mentionne couvrent la période qui va du XIXe au IVe s. av. J.-C. Sa rédaction s'échelonne sur moins d'un millénaire, du Xe au IIe s. av. J.-C. Elle expose les croyances du judaïsme et décrit ses lois, ses rites* et ses institutions. Par étapes successives, les auteurs ont mis en œuvre divers matériaux rédactionnels : des récits, des hymnes*, des poèmes, des sentences, des paraboles*. Le judaïsme, comme le christianisme, y lit la Parole de Dieu. Tous deux y scrutent l'annonce de la venue du Messie*. L'Ancien Testament contient plusieurs écrits deutérocanoniques, dont la rédaction est postérieure aux derniers écrits de la Bible hébraïque. Ils appartiennent à la période hellénistique (333 à 63 av. J.-C.). Des indices permettent même d'affirmer que la rédaction du livre de la Sagesse n'est pas antérieure aux années 50 av. J.-C.

L'ensemble des livres que renferme la Bible hébraïque constitue le fonds principal des écrits de l'Ancien Testament, qui est la première partie des bibles chrétiennes.

Le Pentateuque (*Torah*)

Le Pentateuque propose, en cinq livres, une interprétation* religieuse des commencements : commencements de l'humanité et commencements du peuple avec lequel Dieu a conclu son Alliance.

Une création en 6 jours

D'après Gn 1,1-2,4 :
jour 1 : création de la lumière, du jour et de la nuit ;
jour 2 : ciel ;
jour 3 : terre, mers et monde végétal ;
jour 4 : corps célestes ;
jour 5 : monde animal marin et céleste ;
jour 6 : monde animal terrestre et espèce humaine.

Le cœur de la Bible

Le Pentateuque ou, en hébreu*, *hamichah houmeché Torah* (« les cinq livres de la *Torah* ») est la première section de la Bible hébraïque. Pentateuque vient du grec *pentateuchos*, « ouvrage en cinq livres ». Il comprend la Genèse (Gn), l'Exode (Ex), le Lévitique (Lv), les Nombres (Nb) et le Deutéronome (Dt). Le judaïsme considère le Pentateuque comme le livre le plus sacré* de la Bible.

Thèmes

Le propos du Pentateuque est essentiellement spirituel, moral et religieux. S'il parle d'événements comme la migration des premiers Hébreux* (Gn), l'exode d'Égypte (Ex), le don de la Loi (Ex), l'arrivée au seuil de la Terre promise (Nb ; Dt), de personnages comme les patriarches* Abraham, Isaac et Jacob (Gn), Moïse, Aaron et Josué (Ex, Dt), d'institutions religieuses et cultuelles (Ex, Lv, Dt), c'est en vue de fournir une vision unifiée et progressive de l'intervention de Dieu dans le monde, depuis les origines (Gn) jusqu'à l'arrivée du peuple hébreu en Terre promise (Dt).

Tableau de Rembrandt : *Le Sacrifice d'Abraham*.

Les étapes de l'élaboration du Pentateuque

La tradition juive attribue l'intégralité du Pentateuque à Moïse, à l'exception de Dt 34,5-12. Des exégètes* comme Wellhausen (XXe siècle) affirment que le texte combine plusieurs sources appartenant à des époques différentes de l'histoire d'Israël : avant l'exil, à l'époque de l'exil (de 587 à 538 av. J.-C.) et après l'exil. Chacune de ces époques aborde à sa manière les événements, les croyances*, les rites*, les lois et les institutions religieuses d'Israël. Le texte dans sa forme définitive remonte probablement au début du IVe siècle av. J.-C.

Guide de lecture

Genèse :
– histoire méditée des origines du monde, en 6 cycles (Gn 1-11) : création du monde en 6 jours (1,1-2,4a ; 2,4b-23) ; le paradis perdu et la chute (2,4b-3,24) ; le premier meurtre (4,1-16) ; le déluge et l'Alliance avec Noé (6,1-16) ; bénédictions et malédictions de Noé (9,18-29) ; la tour de Babel (11,1-9) ;
– histoire méditée des origines du peuple de Dieu, en 6 cycles (12-50) : Abraham (12-25 ; surtout le sacrifice du fils d'Abraham) ; Isaac (26) ; Jacob (27-35) ; Ésaü (36) ; Joseph (37-50) ; Juda (38).
Exode : le buisson ardent (Ex 3) ; les dix plaies d'Égypte (7-11) ; institution de la Pâque, mémorial de la libération (12) ; le passage de la mer Rouge (14) ; l'Alliance au Sinaï et le don des dix paroles et des Tables (19-24) ; le veau d'or (32).
Lévitique : le rite sanglant de l'holocauste (Lv 1) ; les animaux purs et impurs (11) ; les codes de sainteté (17-27 ; surtout sainteté de l'activité sexuelle, 18 ; sainteté de toute personne, 19).
Nombres : la nuée, symbole de la présence divine (Nb 9,15-23) ; 38 ans de marche dans le désert (10,11-21) ; 5 mois d'attente dans les plaines de Moab (22-36).
Deutéronome : révélation* du décalogue (Dt 5) ; le *chema* Israël : « Écoute Israël ! » (6) ; le dernier discours de Moïse (28,69-30,20) ; une prière de Moïse (32,1-43).

Chema (« Écoute ! »)

Premier mot de la confession de foi juive, composée de trois passages du Pentateuque (Dt 6,4-9 ; Dt 11,13-21 ; Nb 15,37-41) et commençant par la formule : « _Écoute Israël !_ »

10 paroles et 613 commandements

La révélation des dix « paroles », appelées aussi dix commandements, est mentionnée en Ex 20,2-14 et Dt 5,6-18. Les cinq premières paroles concernent les rapports avec Dieu, les cinq suivantes les rapports entre les hommes. Le judaïsme a détaillé 613 autres préceptes tirés du Pentateuque : 365 interdictions (les 365 jours d'une année solaire) et 248 obligations (les 248 parties du corps humain connues à l'époque).

Le Pentateuque propose une lecture religieuse des événements fondateurs de l'histoire des Hébreux, depuis leurs origines jusqu'à la mort de Moïse. Il s'ouvre par une méditation sur les origines de l'humanité.

Les Prophètes (*Neviim*)

Les prophètes parlent toujours dans un contexte de confrontation, et n'hésitent pas à dénoncer l'idolâtrie, la corruption et l'immoralité, y compris dans les milieux dirigeants.

Guide de lecture

**Josué : le passage du Jourdain (Jos 3) ; les trompettes de Jéricho (6).
Juges : Samson et ses aventures avec Dalila (Jg 13-16).
1 Samuel : la vocation de Samuel, petit enfant (1 S 3,1-21) ; le Cantique d'Anne, un poème non violent, qui a inspiré le Magnificat de Marie (1 Sam 2,1-10) ; David et Goliath (1 S 17,1-18,5).
2 Samuel : David et Bethsabée (2 S 11).
1 Rois : la prière de Salomon (1 R 8, 22-66) ; la reine de Saba (1 R 10,1-29).
2 Rois : l'enlèvement céleste d'Élie (2 R 2).
Isaïe (ou Ésaïe) : un monde idéal (Is 11,1-16) ; annonce de la venue d'un libérateur souffrant et humble (42,1-9 ; 61,1-11).
Jérémie : on a osé brûler le rouleau des oracles (36).
Ézéchiel : la vision du char divin (Ez 1,4-28), un esprit nouveau (36), les ossements desséchés reprennent vie (37).** ▶▶▶

La prophétie dans le judaïsme

Prophète* vient du grec *prophêtês*, « celui qui transmet ou interprète les oracles* d'un dieu ». En hébreu*, le prophète est appelé *navi* (pluriel *neviim*), terme que l'on peut traduire par « porte-parole ».
Le prophète est un homme élu par Dieu. Il est le porte-parole de Dieu auprès de son peuple, et le porte-parole du peuple auprès de Dieu. Il lui incombe de communiquer les révélations* divines sous forme d'oracles, de sermons, de paraboles*, de visions, de jugements. Il parle un langage clair et populaire. Parfois, il accomplit des miracles.
Abraham est le premier homme à recevoir le nom de prophète dans la Bible (Gn 20,7), tandis que Moïse est désigné comme le plus grand des prophètes (Dt 34,10). Les derniers prophètes de la Bible hébraïque sont Aggée, Zacharie et Malachie. Le mouvement prophétique est progressivement supplanté par le courant apocalyptique attaché à décrire, par des visions, la fin des temps.

La prophétie dans le christianisme

Le Nouveau Testament voit en Jean-Baptiste (7-6 av. J.-C.-v. 28 apr. J.-C.) l'ultime prophète. Il annonce la venue du Messie*, Jésus, accomplissement des prophéties antérieures. Mais Jésus ne s'attribue qu'incidemment le titre de prophète (Mt 13,57), et Paul s'insurge contre toute tentative de réduire la mission de Jésus à une activité prophétique. Dans l'Église primitive, le don de prophétie est attesté (Eph 2,20 et 1 Co 12,28). Le livre prophétique par excellence du christianisme est l'Apocalypse de saint Jean.

Chronologie

Les étapes dans le mouvement prophétique sont :
– la période ancienne (XIe-IXe siècle av. J.-C.), où prédominent les phénomènes d'extase et de voyance collectifs ou individuels ;
– la période pré-exilique (VIIIe-VIe siècle av. J.-C.), où les prophètes sont avant tout des orateurs, ils prononcent des oracles et posent des actes symboliques (Élie et Élisée) ; leur charisme consiste dans la prise de parole et les actes miraculeux (Élie, Élisée, Amos, Osée, Isaïe I, Jérémie) ;
– la période exilique (586-538), où les prophètes luttent contre l'idolâtrie* et invitent à la restauration religieuse (Ézéchiel et Isaïe II) ;
– la période post-exilique (après 538), où face à une religion qui se sclérose dans le culte et les rites*, les prophètes se transforment en visionnaires des temps futurs et abondent dans le genre apocalyptique (Aggée, Zacharie, Malachie).

Parmi les personnages féminins de la Bible figurent des prophétesses éminentes : Myriam (Ex 15,20), Déborah (Jg 4,4), Noadya (Ne 6,14), Houlda (2 R 14 et 2 Chr 34,22), Anne, fille de Phanuel (Lc 2,36).

La liste des écrits prophétiques

Dans les bibles hébraïques et dans la TOB, les écrits prophétiques comprennent trois sections : les premiers prophètes, où sont inclus des récits historiques (Josué, Juges, 1 Samuel et 2 Samuel, 1 Rois et 2 Rois) ; les prophètes postérieurs, eux-mêmes répartis en grands prophètes (Isaïe, qui compte trois sections distinctes, Jérémie, Ézéchiel) et en petits prophètes (Osée, Joël, Amos, Abdias, Jonas, Michée, Nahoum, Habaquq, Sophonie, Aggée, Zacharie, Malachie).

Les bibles catholiques classent parmi les écrits prophétiques 18 livres. Au canon* hébraïque, elles ajoutent Daniel, avec les sections deutérocanoniques, mais en retranchent Josué, Juges, 1 et 2 Samuel, 1 et 2 Rois.

Les bibles protestantes reconnaissent 17 livres prophétiques. Au canon hébraïque, elles ajoutent Lamentations, et en retirent Josué, Juges, 1 et 2 Samuel, 1 et 2 Rois.

▶▶▶ Osée : le plus bel hommage à l'amour de Dieu (Os 11).
Joël : le don de l'Esprit (Jl 3,1-5).
Amos : la vocation d'un prophète (Am 7,12-17).
Abdias : appel à la vengeance (Ab 1,1-15).
Jonas : Jonas dans le ventre d'un poisson (Jon 2).
Michée : appel à la non-violence (Mi 4-5).
Nahoum : la prise de Ninive (Na 2,4-3,7).
Habaquq : la prière du prophète Habaquq (Ha 3).
Sophonie : le texte qui a inspiré le *Dies Irae* (1,15-18).
Aggée : exhortation au courage (Ag 2,1-10).
Zacharie : annonce d'un Messie juste et humble (Za 9,9-10).
Malachie : annonce du Jour du Seigneur (Ml 2,7-3,21).

> Dans l'histoire biblique, la figure et la fonction du prophète évoluent en permanence. Le prophète n'est pas d'abord celui qui prédit l'avenir, mais celui qui parle « à la place » de Dieu.

Les Hagiographes (*Ketouvim*) et les deutérocanoniques

Les Hagiographes (« écrits sacrés ») représentent la troisième partie de la Bible hébraïque. Les livres appelés deutérocanoniques ne figurent que dans les bibles catholiques.

Datation des Hagiographes

Le regroupement définitif de ces livres en vue de former la troisième partie de la Bible hébraïque est tardif. Il est achevé à la période gréco-romaine, c'est-à-dire entre 333 av. J.-C. et le début de l'ère chrétienne.

Les Psaumes

Ils se composent de 150 poèmes en forme de prières et d'hymnes qui expriment aussi bien la révolte en temps de crise que l'action de grâce, la louange, le repentir, la confiance. Le psautier résume à lui seul l'histoire religieuse d'Israël et la théologie de tous les écrits de la Bible hébraïque.

Liste des Hagiographes

La liste des Hagiographes telle qu'elle apparaît dans la Bible hébraïque est la suivante : Psaumes*, Proverbes, Job, Cantique des cantiques, Ruth, Lamentations, Qohélet ou Ecclésiaste, Esther, Daniel, Esdras et Néhémie, 1 et 2 Chroniques. Les bibles catholiques ont réparti ces écrits dans la section des livres historiques et des livres poétiques et sapientiaux. Les cinq livres appartenant aux *Ketouvim* forment un sous-groupe appelé les Cinq Rouleaux. Ce sont : Cantique des cantiques, Ruth, Lamentations, Qohélet ou Ecclésiaste, Esther.

Contenu des Hagiographes

Tous les exégètes* s'accordent à admettre le caractère composite de ce recueil. On y trouve des récits (Ruth, Chroniques, Esther, Esdras, Néhémie), des poésies liturgiques (Psaumes, Lamentations, Cantiques), un poème d'amour (Cantique des cantiques), des écrits de sagesse (Proverbes, Job, Psaumes, Ecclésiaste), des récits historiques (Ruth, 1 et 2 Chroniques, Esdras, Néhémie), un écrit romancé (Esther), des écrits apocalyptiques (visions de Daniel). La thématique de ces livres oscille entre l'approche la plus pessimiste de la Bible (Lamentations et Ecclésiaste) et la plus optimiste (Proverbes). Les livres des Psaumes, de Job et des Proverbes renferment les principaux textes poétiques de la Bible.

Guide de lecture des Hagiographes

Psaumes : les deux voies (Ps 1) ; supplication dans la souffrance extrême (22 ; la prière de Jésus en croix) ; Dieu, berger de l'homme (23) ; hymne* de pénitence (51) ; promesse de la paix et du bonheur (85) ; hymne à la confiance la plus totale (91) ; le Grand Hallel (113-118) ; hymne cosmique (148). Proverbes : les proverbes numériques (Pr 33,15-33) ; l'éloge de l'élite féminine (31,10-31). Job : la solitude de celui qui souffre (Jb 6,1-7,21). Cantique des cantiques : les charmes de la bien-aimée (Ct 4,1-5-1). Ruth : l'accueil de l'étranger (Rt 2,1-23). Lamentations, un des livres les plus pessimistes de la Bible : Dieu ne supporte pas l'oppression (Lm 3). Qohélet : rien de neuf sous le soleil (Qo 1,1-11). Esther : Esther, une frêle jeune fille juive, est choisie pour reine (Est 2,1-19). Daniel : Daniel dans la fosse aux lions (Dn 6,1-29) ; Suzanne et les hommes vicieux (13). Esdras : une réforme radicale du judaïsme (Esd 7). Néhémie : la *Torah* revient au cœur de la vie religieuse (Ne 8). Chroniques : la prière de David (1 Ch 29, 10-20).

Les deutérocanoniques

Les écrits deutérocanoniques de l'Ancien Testament ne sont pas inclus dans les bibles hébraïques ni dans les bibles protestantes. On dénombre parmi ces écrits : 7 livres (Judith, Tobit, 1 Maccabées, 2 Maccabées, Sagesse, Siracide, Baruch) ; 3 séries des fragments de livre (à savoir les ajouts grecs à la version hébraïque d'Esther, la Lettre de Jérémie – Baruch 6 dans la Bible de Jérusalem –, ainsi que les ajouts grecs à Daniel. Ces textes, composés vraisemblablement entre 200 et 50 av. J.-C., portent la marque de la période hellénistique. Parmi les 7 livres, 5 sont rédigés en suivant une trame narrative* (Jdt, Tb, 1 M et 2 M, Ba) et 2 appartiennent intégralement à la littérature de sagesse (Sg, Si). Les versions grecques de l'AT rattachent Ba et Tb aux écrits de sagesse.

Guide de lecture des deutérocanoniques

Un résumé de l'histoire de l'Alliance de Dieu avec les hommes (Jdt 5,1-21) ; la prière de Tobit (Tb 13,1-18) ; le martyre des 7 frères (2 M 7,1-42) ; les multiples facettes de la sagesse (Sg 7,22-8,8) ; l'attention aux démunis (Si 3,33-4,11).

La littérature de sagesse

La littérature de sagesse, ou sapientielle, enseigne une manière de penser et de se comporter où prime la dimension morale de l'existence. Les livres de Job, les Proverbes, les Psaumes, Qohélet, ainsi que le livre de la Sagesse et le Siracide font partie de la littérature sapientielle.

Les Hagiographes, ou « écrits sacrés », se composent d'un ensemble de livres de genres littéraires divers.

Le Nouveau Testament

Le Nouveau Testament, seconde partie des bibles chrétiennes, contient l'ensemble des témoignages relatifs à la vie de Jésus, à son enseignement et à la fondation des premières communautés chrétiennes.

Jésus redonnant la vue à un aveugle.

Pourquoi un « nouveau » Testament ?

L'expression de Nouveau Testament vient d'une interprétation* que firent les premiers chrétiens de la mission de Jésus. Ils ont reconnu en lui un nouveau Moïse, venu sceller une nouvelle Alliance entre Dieu et l'humanité entière. De cette conviction est née l'idée d'appeler le groupe des écrits de la Bible hébraïque « Ancien Testament » (ou « Premier Testament »), et les écrits relatifs à la mission de Jésus et à la constitution des premiers groupes de chrétiens « Nouveau Testament ». C'est à la fin du IIe siècle que l'habitude a été prise de parler de « Nouveau Testament » pour désigner les sources écrites du début du christianisme.

Le judaïsme et le NT

Les juifs contestent le rôle de sauveur attribué à Jésus. En conséquence, ils ne peuvent adhérer aux doctrines affirmées par le Nouveau Testament et ne reconnaissent pas le caractère inspiré des livres qui le composent.

Contenu

L'essentiel du texte du NT est composé de recueils de témoignages sur la vie de Jésus et le début du christianisme. À l'occasion, il se réfère à des événements évoqués dans l'AT et en propose une nouvelle interprétation. Le christianisme primitif et Jésus lui-même ont entrepris de relire les événements fondateurs du judaïsme dans une perspective différente de celle du monde juif.

Selon la doctrine du NT, Jésus est le Messie* annoncé par les prophètes*. Il est en même temps reconnu comme Fils de Dieu. Croire que par sa passion, sa mort et sa résurrection*, il est venu libérer tous les hommes de la mort et du péché constitue le cœur de la foi exprimée dans le NT. La rédaction des livres du NT suit un processus qui s'étend de l'an 51 apr. J.-C. – date probable de composition de la première Lettre aux Thessaloniciens – à l'an 125 – date probable de la rédaction de la seconde Lettre de Pierre. Il existe donc un intervalle d'un siècle entre la date de la rédaction v. 50 av. J.-C. du livre de la Sagesse, dernier écrit de l'AT au regard de sa composition, et la rédaction en 51 des plus anciens témoignages sur le christianisme primitif consignés dans le NT.

« Avant d'être consigné, le message du Christ fut prêché. De ce chef, il passa par une phase d'élaboration et de cristallisation dont les récits évangéliques ne sauraient témoigner [...]. Le Christ sorti vivant du tombeau, apparu aux siens, établi Seigneur divin, fut l'objet du message chrétien dès avant la rédaction des évangiles. »
Joseph Schmitt, *Jésus ressuscité dans la prédication apostolique.*

Les livres du NT

Le NT se présente sous la forme d'un recueil de 27 livres distribués en trois groupes d'écrits : 5 à trame narrative* (les quatre évangiles et les Actes des apôtres) ; 21 didactiques (les treize Lettres de Paul et les huit autres Lettres) ; 1 prophétique (l'Apocalypse).
La liste retenue par les éditions du NT s'établit comme suit : les évangiles de Matthieu, Marc, Luc, Jean ; les Actes des apôtres ; les Épîtres (à/aux/de) Romains, 1 Corinthiens, 2 Corinthiens, Galates, Éphésiens, Philippiens, Colossiens, 1 Thessaloniciens, 2 Thessaloniciens, 1 Timothée, 2 Timothée, Tite, Philémon, Hébreux*, Jacques, 1 Pierre, 2 Pierre, 1 Jean, 2 Jean, 3 Jean, Jude ; l'Apocalypse de Jean.

Les étapes de la constitution du NT

Du vivant de Jésus, ses disciples ont retenu oralement ses enseignements. Une vingtaine d'années après sa mort, la disparition progressive des derniers témoins directs de la prédication* de Jésus a rendu nécessaire la mise par écrit de tout ce qui le concerne. C'est ainsi que sont nés les Évangiles.
D'autres récits ainsi qu'un nombre important de correspondances tout comme des modèles de prières communautaires, des discours, des résumés de la foi, des enseignements émanant des premiers groupes de chrétiens ont été réunis à la suite des Évangiles pour former le NT. Tous les livres du NT, sans exception, ont été écrits en grec.

Les auteurs du Nouveau Testament ont consigné les témoignages des compagnons de Jésus et l'histoire des premières communautés chrétiennes.

Les quatre évangiles et les Actes des apôtres

Cinq écrits du Nouveau Testament suivent une trame narrative. Ce sont les quatre évangiles et les Actes des apôtres.

Jésus et ses apôtres (d'après un tableau du XVIe siècle).

Évangile et évangile

Évangile vient du grec *euaggelion*, « bonne nouvelle ». Écrit avec « é » minuscule, le mot désigne l'un des quatre évangiles ; avec « É » majuscule, l'ensemble du Message rapporté par les évangélistes. C'est vers l'an 150 qu'apparaît la coutume de nommer Évangiles les quatre premiers livres du Nouveau Testament.

Pourquoi quatre évangiles ?

Les Évangiles n'ont pas été écrits sous la dictée de Jésus. C'est en fonction des destinataires de la prédication* évangélique (chrétiens issus du judaïsme ou du paganisme*) ou du milieu d'origine des évangélistes (chrétiens vivant en Palestine* ou hors de Palestine) que se sont formées quatre traditions principales, d'où sont issus les évangiles de Matthieu, Marc, Luc et Jean. Les trois premiers évangiles (Matthieu, Marc et Luc) sont appelés synoptiques : ils se présentent avec suffisamment d'analogies pour qu'il soit possible de les lire en trois colonnes parallèles.

La formation des évangiles

La rédaction définitive des évangiles n'est pas contemporaine de Jésus. Les rédacteurs se sont appliqués à rendre compte du témoignage des témoins oculaires directs de l'activité de Jésus (entre 28 et 30) ; de la prédication des apôtres* (entre 30 et 60) ; des traditions orales et écrites sur Jésus en usage dans le culte, l'enseignement et la réflexion des premières communautés de chrétiens de Palestine, de Syrie, d'Asie Mineure et d'Égypte (entre 60 et 100).

Guide de lecture

Matthieu : les béatitudes (Mt 5,1-11) ; l'amour des ennemis (5,43-48) ; appel des douze apôtres (10,1-42) ; discours en paraboles (13,1-52) ; un code de vie fraternelle (18,1-35) ; le jugement (25,31-46) ; la passion et la mort de Jésus (26,1-27,66 ; Mc 14,1-15-47 ; Lc 22,1-23,56 ; Jn 18,1-19,42) ; le tombeau vide et les apparitions de Jésus ressuscité (28,1-20 ; Mc 16,1-20 ; Lc 24,1-53 ; Jn 21,1-23).
Marc : la guérison d'un possédé (Mc 5,1-20) ; Jésus et les pharisiens (7,1-23) ; le plus grand commandement (12,28-34).
Luc : Jean-Baptiste (Lc 1,1-80) et sa prédication (3,1-20) ; la naissance ▶▶▶

Les quatre évangiles

Ils sont classés dans cet ordre : Matthieu, Marc, Luc et Jean. Leur forme littéraire est caractérisée par l'alternance de sections narratives* (événements de la vie de Jésus, récits de miracles, exorcismes, guérisons, apparitions) et de sections didactiques (discours, enseignements, instructions, invectives, controverses, sentences, paraboles*, instructions). Les auteurs des Évangiles sont plutôt des « écoles » que des écrivains isolés. Les paroles de Jésus sont appelées *logia*. Des paroles connues de Jésus, et dont l'origine est sûre, ne figurent pas dans les Évangiles. On les appelle des *agrapha*. Un exemple : « *Il y a plus de bonheur à donner qu'à recevoir* » (Ac 20,35).

Nom de l'évangile	Auteur selon la tradition	Auteur selon les exégètes	Destinataires de l'évangile	Date probable de composition
Matthieu	l'apôtre Matthieu ex-publicain	une « école » de compagnons de Matthieu	des judéo-chrétiens (chrétiens issus du judaïsme)	v. 80
Marc	Jean-Marc, compagnon de Pierre et de Barnabé	une « école » de compagnons de Marc	chrétiens issus du paganisme	v. 65-70 (depuis Rome)
Luc	un médecin originaire d'Antioche et disciple de Paul auteur également des Actes	une « école » de compagnons de Luc	chrétiens issus du paganisme	v. 80
Jean	l'apôtre Jean, auteur de Lettres et de l'Apocalypse	une « école » de compagnons de Jean	chrétiens issus du judaïsme fixés en Asie Mineure	v. 80-90

Les Actes des apôtres

Cinquième livre du Nouveau Testament, les Actes des apôtres décrivent comment les apôtres, puis les disciples de la deuxième génération poursuivent la mission de Jésus. L'auteur est identique à celui du troisième évangile, c'est-à-dire Luc et son « école ». Il a été composé vers 80.

▶▶▶ de Jésus (2,1-40) ; Jésus et la femme adultère (7,36-50) ; les pèlerins d'Emmaüs (24,13-35).
Jean : prologue (Jn 1,1-18) ; les sept signes (ou miracles) de Jésus, annonce d'une nouvelle création (2,1-12 ; 4,43-54 ; 5,1-18 ; 6,1-15 ; 6,16-21 ; 9,1-41 ; 11,1-44) ; Jésus en discussion avec la Samaritaine* (4,1-42) ; le commandement de l'amour (15,9-17) ; la prière de Jésus (17,1-19).
Actes des apôtres : ascension de Jésus (Ac 1,6-11) ; la Pentecôte (2,1-13) ; discours de Pierre aux juifs (2,14-36) ; martyre d'Étienne (7,1-60) ; conversion de Paul sur le chemin de Damas (9,1-30) ; discours de Paul à l'aréopage d'Athènes (17,16-34).

À l'origine des quatre évangiles et des Actes des apôtres, il y a la mémoire des premiers groupes de chrétiens. Ils ont conservé fidèlement l'enseignement de Jésus et des apôtres.

Les Lettres et l'Apocalypse

Un groupe de vingt et un documents rédigés sous forme de lettres constitue la deuxième partie du Nouveau Testament. L'Apocalypse, écrit prophétique qui clôture le NT, contient également un important recueil de lettres.

Guide de lecture

Lettres de Paul : Dieu n'a pas rejeté Israël (Rm 11,36) ; les dons de l'Esprit (1 Co 12,1-11) ; hymne à la charité (1 Co 12,31-13,13) ; hymne au Christ (Col 1,12-20) ; imiter le Christ et vivre selon l'Évangile (Ph 1,27-2,18). Hébreux : les valeurs de la nouvelle Alliance (He 13,1-17). Les dernières lettres : la vraie religion (Jc 1,19-27) ; les reproches les plus violents du NT contre les riches (Jc 5,1-6) ; la logique subversive de la non-violence (1 P 2,20-25) ; un Dieu d'amour révélé par Jésus (1 Jn 4,7-21). Apocalypse : le message aux sept Églises d'Asie Mineure (Ap 2,1-3,22) ; l'Agneau rédempteur et les sept sceaux du livre (Ap 5,1-14) ; la Femme et le dragon (Ap 12,1-18) ; les deux Bêtes (Ap 13,1-18) ; la Jérusalem nouvelle et l'arbre de vie (21,9-22,5).

Lettres ou Épîtres ?

Une lettre est un acte de communication privé. Une épître est à l'origine une lettre, mais son auteur ou son destinataire a voulu élargir sa divulgation pour en faire un acte de notoriété publique. Pour cette raison, les lettres du Nouveau Testament sont appelées Épîtres.

Les Lettres de Paul

À leur début, les communautés fondées par Paul (Ier siècle) traversent de réelles situations de crise. Paul s'emploie à leur donner par écrit des directives. Treize de ses lettres ont été conservées. Elles évoquent les croyances*, les rites*, les codes de morale et les institutions du christianisme naissant. Leur composition est antérieure à celle des Évangiles. Ce sont : Lettre aux Romains, première Lettre aux Corinthiens, deuxième Lettre aux Corinthiens, Lettre aux Galates, Lettre aux Éphésiens, Lettre aux Philippiens, Lettre aux Colossiens, première Lettre aux Thessaloniciens, deuxième Lettre aux Thessaloniciens, première Lettre à Timothée, deuxième Lettre à Timothée, Lettre à Tite, Lettre à Philémon.

Neuf lettres sont adressées à des Églises locales fondées soit en Asie Mineure (Éphèse, Galatie, Colosses), soit en Grèce (Thessalonique, Corinthe, Philippes), soit en Italie (Rome) et quatre lettres à des collaborateurs de Paul (Philémon, Timothée, Tite). On distingue par ailleurs les lettres de captivité, où il est question de l'emprisonnement de Paul (Ph, Phm, Col, Ep) et les lettres pastorales*, plus soucieuses de l'organisation de la vie des nouvelles communautés (1 Tm, 2 Tm, Tt).

Sept lettres sont reconnues comme étant de Paul lui-même : 1 Th, 1 Co, 2 Co, Ph, Phm, Ga, Rm 6 ; d'autres lettres, plus tardives, sont dites de tradition paulinienne, mais n'émanent pas directement de lui : Col, Ep, 2 Th, 1 Tm, 2 Tm, Tt.

Saint Paul (tableau d'Étienne Parrocel).

La Lettre aux Hébreux

Longtemps attribuée à Paul, cette lettre est l'œuvre d'un écrivain de grand talent difficile à identifier, qui écrit v. 67-68. Il s'adresse à des chrétiens convertis de longue date, sans qu'il soit possible de préciser s'ils sont d'origine juive ou païenne.

Les sept Épîtres catholiques

Les lettres du NT non attribuées à Paul et qui semblent s'adresser à l'ensemble de la chrétienté plutôt qu'à une communauté locale précise sont regroupées dans la section dite des « Lettres catholiques ». Cette appellation rappelle qu'au départ, catholique signifie « universel ». Ce sont : la Lettre de Jacques (Jc), la première Lettre de Pierre (1 P) v. 67, la deuxième Lettre de Pierre (2 P), les trois Lettres de Jean (1 Jn ; 2 Jn ; 3 Jn), la Lettre de Jude (Jude).

L'Apocalypse

Livre à la fois mystérieux et fascinant, l'Apocalypse est l'œuvre de Jean, à qui sont attribués le quatrième évangile et les trois lettres johanniques. À travers un foisonnement de visions et de symboles, l'auteur tente de faire jaillir l'espérance au sein de communautés qui traversent une période de persécutions acharnées au début du IIe siècle.

Les Lettres de Paul, la Lettre aux Hébreux tout comme les sept Lettres catholiques sont de véritables bulletins de liaison entre les groupes de chrétiens des premières générations. Dernier livre du NT, l'Apocalypse développe, à travers des symboles et des visions prophétiques, une réflexion sur les fins dernières.

Personnages et acteurs

Dieu est le premier acteur de la Bible. Il est nommé plus de dix mille fois. D'Abraham jusqu'à Paul, en passant par Moïse et Jésus, les personnages bibliques incarnent, chacun à sa façon, la mise en œuvre des plans de Dieu.

Dieu, premier acteur

Le Dieu de la Bible est un être personnel, vivant et éternel, unique (Dt 4,35), tout-puissant, omniscient (il sait tout) et saint. Créateur de l'univers et Seigneur de l'histoire, il manifeste sa volonté et intervient dans la vie des hommes et des peuples. En créant l'homme, il l'a voulu libre.

Les principaux noms de Dieu dans la Bible hébraïque sont : *El* (« être puissant »), *Eloah, Elohim* (pluriel de *El*), *Adonaï* (« Seigneur »), *YHWH* (nom révélé à Moïse dans le buisson ardent, appelé tétragramme, et que les juifs s'interdisent de prononcer). Le Nouveau Testament a une vision trinitaire de Dieu, un en trois personnes : le Père, le Fils et l'Esprit (Mc 1,10 ; Lc 10,21-22 ; Jn 4,24).

Toutes les femmes de la Bible

Il y a Ève, Sarah, Rébecca, Rachel, Myriam, Déborah, Dalila, Anne, Ruth, Esther, Suzanne, Judith, Marie, Marie-Madeleine, la Samaritaine* et tout l'entourage féminin de Jésus. La Bible présente souvent la femme comme une personne soumise. Il s'avère néanmoins que plus d'une centaine d'entre elles ont exercé des responsabilités considérables, y compris en politique ou comme prophétesses.

Abraham

Premier des trois patriarches*, Abraham est le père des croyants en un Dieu unique, c'est-à-dire des juifs, des chrétiens et des musulmans. La tradition juive le fait naître en 1812 av. J.-C. Au début, son nom était Abram (en hébreu*, « le père exalté »). Il fut ensuite appelé Abraham (« père d'une multitude de nations »). Originaire d'Ur (Mésopotamie du Sud), il suit l'appel de Dieu qui l'invite à quitter ses terres pour aller en Canaan*. Dieu exigea d'Abraham qu'il sacrifie son fils Isaac sur le mont Moriah (Gn 22,1s). Un ange intervint au dernier moment pour empêcher le sacrifice. Les commentaires* de la Bible le considèrent comme l'incarnation de l'hospitalité, de la compassion et de l'amour du prochain.

Moïse

Moïse (transcription d'un nom égyptien, *moché*, avec le sens de « tiré des eaux », ou « fils ») est le plus grand prophète* d'Israël et législateur. Il est né en Égypte au XIIIe siècle av. J.-C. et a connu Dieu face à face (Dt 34,10) : Dieu lui est apparu au mont Horeb dans un buisson ardent. Moïse a conduit hors d'Égypte les Hébreux*, tenus en esclavage. Après le passage de la mer Rouge, il reçoit, dans le mont Sinaï, les Tables de l'Alliance. Il meurt au pays de Moab avant d'avoir atteint la Terre promise, âgé de 120 ans.

Jésus

Jésus (de l'hébreu *yehochoua*, « Dieu sauve ») est né à Bethléem, vers l'an 6 avant l'ère chrétienne. Sa conception est présentée comme l'œuvre de l'Esprit saint*. En 27, il entame son ministère public, s'entoure de douze apôtres*, forme des disciples, et annonce dans toutes les localités de Palestine* la venue du Règne de Dieu. Vivant pauvrement, il rejoint les exclus, accomplit des miracles et témoigne d'un lien privilégié avec Dieu qu'il appelle son Père. L'hostilité qu'il rencontre le conduit à la condamnation à mort et au supplice de la croix, en avril 30 ou 31. Trois jours après sa mort, il apparaît à ses proches, qui attestent sa résurrection* et confessent ouvertement sa filiation divine. Ses titres dans le NT sont le Christ (transcription du grec *khristos*, « celui qui est oint », Messie*), le Fils de l'Homme, le Seigneur.

Paul

Paul – *Sha'ûl* de son vrai nom (« demandé à Dieu ») – est né vers l'an 5 apr. J.-C. à Tarse en Asie Mineure (Turquie actuelle). Après des études religieuses à Jérusalem auprès du célèbre Gamaliel, il entreprend de faire arrêter les convertis au christianisme. Vers 34, le Christ lui apparaît sur le chemin de Damas. Il se convertit et fonde la plupart des communautés chrétiennes d'Asie Mineure, de Macédoine et de Grèce. Il est exécuté à Rome vers 67-68.

Le Messie

À l'origine, la Bible appelle Messie (de l'hébreu *machiah*, « oint », ou « consacré par l'onction divine ») tout personnage investi par le Seigneur d'une mission. Le Messie annoncé par Isaïe (Is 11,1-9) est décrit comme un être humain idéal, libérateur du peuple juif. Les Évangiles y voient l'annonce d'un rédempteur d'origine divine, Jésus.

Parmi les personnages mentionnés dans la Bible, quatre occupent une place de premier ordre. Ce sont Abraham, Moïse, Jésus et Paul. Mais l'acteur principal, c'est Dieu lui-même.

Thèmes et doctrine

La Bible n'est pas un traité de théologie*. Elle décrit une expérience religieuse, qui ne craint pas les contradictions, et ne tait pas les échecs, ni même les hostilités.

Cours de catéchisme (prêtre et enfants dans un jardin), d'après un tableau de Meunier (XIXe siècle).

Les idées maîtresses de l'Ancien Testament

Tous les livres de la Bible hébraïque et de l'Ancien Testament affirment que Dieu souhaite être connu des hommes. C'est pourquoi il se révèle par :

– les signes contenus dans la nature et le monde, et qui témoignent de l'existence d'un Dieu créateur, de sa puissance, de sa bonté, de sa sagesse ;

– ses interventions dans l'Histoire de l'humanité, bien avant l'existence d'Israël ;

– l'envoi de prophètes*, et notamment de Moïse, le plus grand d'entre eux ;

– sa Parole, capable de rejoindre tout homme ;

– son Alliance conclue d'abord avec Abraham, puis scellée avec Moïse au mont Sinaï.

Quatre événements fondent et motivent la foi d'Israël :

– la sortie d'Égypte (ou Exode),

– le don de la *Torah* sur le mont Sinaï (les dix « Paroles » ou commandements),

– le don de la manne dans le désert,

– et l'entrée en Terre promise (pays de Canaan*).

La Bible hébraïque en une phrase

Le *Talmud* affirme que David a condensé toutes les obligations divines en 11 principes (Ps 15,1-5), Isaïe en 6 principes (Is 33,15), et Michée en 3 principes (Mi 6,8). Quant à Amos et Habaquq, ils les résument en un seul principe : *« Recherchez-moi et vous vivrez »* (Am 5,4) et *« Le juste vit par sa foi »* (Ha 2,4).

Pour la Bible hébraïque, l'essentiel de la doctrine religieuse consiste à reconnaître l'existence du Dieu unique, à comprendre la foi comme une confiance en Dieu (croire en l'accomplissement de ses promesses), et à attendre le Messie*, la résurrection* des morts, le jugement dernier, la rétribution et le châtiment dans la vie future.
Contrairement aux croyances* répandues dans les religions des nations voisines, les révélations* de Dieu à Israël ne cantonnent pas Dieu dans une conception nationaliste de la religion. Elles témoignent de l'activité d'un Dieu universel qui fait alliance avec un peuple particulier (Israël) pour faire aboutir un projet qui concerne l'ensemble de l'humanité (Gn 12,1-3).
Les chrétiens lisent les annonces contenues dans l'AT à la lumière de la doctrine propre à Jésus, à ses disciples et à saint Paul.

Le Nouveau Testament en une phrase

« Si, de ta bouche, tu confesses que Jésus est Seigneur et si, dans ton cœur, tu crois que Dieu l'a ressuscité des morts, tu seras sauvé. En effet, croire dans ton cœur conduit à la justice, et confesser de sa bouche conduit au salut. »
(Paul, Épître aux Romains, Rm 10,9-11)

Les idées maîtresses du Nouveau Testament

Le message central des quatre évangiles est une vérité de foi qu'il faut annoncer à tous les hommes, et qui est appelée « kérygme » :
– Jésus de Nazareth, le Messie annoncé par les prophètes, est ressuscité ;
– il est le Christ, le Fils de Dieu venu apporter salut et libération ;
– il inaugure une ère nouvelle, le Royaume de Dieu*, ouvert à tous ;
– il reviendra à la fin des temps pour juger les hommes.
Le comportement évangélique auquel invite Jésus suppose la conversion* permanente du cœur. Il couvre tous les domaines de l'activité humaine : la prière assidue dans l'Esprit, la vie fraternelle, la justice sociale et le service humble du prochain.
Pour les Actes des apôtres et les Lettres du Nouveau Testament, la mission de l'Église s'inscrit dans la continuité de l'Alliance conclue par Dieu avec Israël. Mais témoigner de sa foi ne consiste pas à accomplir méticuleusement les prescriptions de la Loi religieuse, mais à annoncer l'activité libératrice de Jésus.

À chaque page, la Bible scrute les cœurs, interprète les événements et invite à la sagesse. Elle suit pas à pas un Dieu qui fait ou refait alliance avec les hommes.

L'interprétation de la Bible dans le judaïsme

Les pratiques liturgiques autour de la Bible ne diffèrent guère d'une branche du judaïsme à l'autre. En matière d'interprétation des textes, les positions sont, en revanche, beaucoup plus contrastées.

L'interprétation

Moïse reçut aussi la Loi orale*, ou *Torah* orale. Dans le judaïsme, connaître cette loi orale est indispensable pour interpréter les écrits bibliques. La *Michnah* (de l'hébreu* *chanah*, « répéter ») représente le recueil de ces traditions orales, réparties en six grands traités. Sa rédaction s'achève vers l'an 200. Les discussions suscitées par les lois énoncées dans la *Michnah* ont été à leur tour mises par écrit, d'abord en Palestine*, puis à Babylone, dans la *Gemara* (« complément »). Le *Talmud* (« étude »), qui regroupe la *Michnah* et la *Gemara*, est une encyclopédie de tout ce qui s'enseignait dans les académies rabbiniques. Deux manières d'aborder les Écritures*, ou *Midrach* (« recherche »), coexistent dans le *Talmud* : le *Midrach halakhah* (interprétation* de type juridique) et le *Midrach aggadah* (interprétation fondée sur des traditions narratives*).

Les quatre sens de l'Écriture

Au Moyen Âge, le judaïsme distinguait quatre méthodes d'interprétation de la Bible, désignées par l'acronyme PaRDèS : P pour *pechat* (méthode qui suit le sens littéral du texte), R pour *remez* (méthode qui privilégie le sens allégorique), D pour *derach* (commentaire* en forme de sermon) et S pour *sod* (interprétation ésotérique et mystique*). D'autres méthodes interprétatives ont vu le jour. On n'en compte pas moins de 32.

Les commentaires

Le *Targoum* n'est pas à proprement parler un commentaire biblique, mais une paraphrase. Les premiers

Les études bibliques aujourd'hui

Aujourd'hui, les études bibliques spécialisées ne sont pas réservées aux seuls futurs rabbins. Elles sont accessibles à tous les étudiants dans des instituts créés en Israël – notamment l'université hébraïque –, en Europe et aux États-Unis. L'enseignement dispensé dans ces établissements et la recherche menée par les universitaires ouvrent de nouveaux champs aux études bibliques juives.

grands commentaires bibliques sont l'œuvre de Philon d'Alexandrie (Ier siècle, spécialiste de l'interprétation allégorique) et d'Aqiva ben Yosef (IIe siècle). Saadiah Gaon (Xe siècle) a innové en créant la méthode linguistique et philosophique d'interprétation. Rachi, Abraham ibn Ezra, Samuel ben Meïr (XIIe siècle), David Qimhi (XIIIe siècle) sont les représentants les plus connus de l'interprétation littérale de la Bible (*pechat*). Plusieurs philosophes, parmi lesquels Moïse Maïmonide (1135-1204), Moïse ben Nah Gerondi (ou Nahmanide, XIIIe siècle) et Moïse Mendelssohn (1729-1786) comptent aussi parmi les commentateurs les plus érudits de la Bible. L'interprétation mystique atteint son apogée dans le *Zohar*, dont l'auteur supposé est Moïse de León (v. 1240-1305).

Les lectures prescrites aux fêtes

Des extraits des Cinq Rouleaux sont lus aux fêtes : Cantiques à *Pessah* (Pâque), Ruth à *Chavouot*, Lamentations le 9 *av* (jour anniversaire de la destruction du Temple de Jérusalem), Ecclésiaste à *Soukkot*, et Esther à *Pourim*.

L'étude

Étudier quotidiennement – et jusqu'à la fin de ses jours – la Bible, la *Michnah* et le *Talmud* est un des principaux impératifs religieux du judaïsme. L'étude préalable de l'hébreu est incontournable. L'étude biblique communautaire se pratique traditionnellement dans le *Bet midrach* (« maison d'étude »), local adjacent à la synagogue*. Des instituts religieux de formation, les *yechivot* (de *yechivah*, « assemblée »), centres d'étude talmudique, et plus récemment les *kolel*, instituts réservés aux étudiants mariés, permettent l'étude approfondie de la *Torah*.

La liturgie et la prédication*

La lecture de la *Torah* est la pratique la plus caractéristique de la liturgie* du judaïsme. Elle a lieu à la synagogue chaque semaine à chabbat et aux jours de fête. Afin de faciliter la lecture annuelle du Pentateuque, son texte est découpé en 54 subdivisions appelées *parachiyyot*, ou *sedarim*. La lecture biblique est assurée par un lecteur. Il suit les mélodies et les rythmes prescrits. De son côté, le prédicateur prononce le sermon (*derachah*), fondé sur des citations de la Bible. Dans le judaïsme comme dans le christianisme, la prière des Psaumes* rythme les offices* quotidiens.

Le judaïsme accorde une place conséquente à la Bible dans les offices et la vie quotidienne.

L'interprétation de la Bible dans le christianisme

Une des questions litigieuses qui opposent catholiques et protestants depuis le XVIe siècle est bien la place de la Bible dans la vie de l'Église.

Une question incontournable : comment interpréter l'Ancien Testament ?

Au moment d'établir le canon* des Écritures*, il y a eu consensus entre chrétiens à propos des écrits devant former le Nouveau Testament. En revanche, catholiques, orthodoxes* et protestants* n'ont pas trouvé d'accord à propos de la liste des livres de l'AT qu'il fallait tenir comme inspirés (*voir* pp. 10-11).

En même temps, il a fallu procéder à une relecture des écrits de l'AT à la lumière des pratiques de Jésus et de son enseignement. Jésus méditait, commentait et citait la Loi et les prophètes*. Il priait avec les Psaumes*. Mais il a clairement pris position contre les dérives légalistes et fondamentalistes*. À sa suite, les différentes générations de chrétiens ont entrepris de montrer qu'en Jésus de Nazareth, mort et ressuscité, se sont accomplies toutes les promesses annoncées par les prophètes de l'AT.

Les grands commentaires

Ce sont des études livre par livre, verset* par verset de la Bible, où alternent des indications d'ordre philologique, philosophique, théologique et historique. Les plus grands commentaires* sont l'œuvre des théologiens avisés du christianisme des premiers siècles appelés Pères de l'Église* (IIe-VIIIe siècles). Ce sont les commentaires d'Origène (IIIe siècle), d'Ephrem, de Grégoire de Nysse, d'Ambroise de Milan (IVe siècle), de Jean Chrysostome, d'Augustin d'Hippone, de Cyrille d'Alexandrie (Ve siècle). Mais le plus érudit est sans conteste Jérôme (v. 347-420), auteur de la traduction latine de la Bible et des commentaires les plus autorisés.

La liturgie

Les célébrations chrétiennes comportent toujours la lecture d'un passage de la Bible. Les références des lectures sont fixées par les calendriers liturgiques. Le commentaire des lectures, appelé sermon ou homélie, est assuré par l'évêque, le prêtre ou le diacre dans les églises catholiques et orthodoxes, et par le pasteur ou un lecteur dans les églises protestantes. Les recueils de prières quotidiennes accordent une place privilégiée aux Psaumes.

Les commentaires contemporains catholiques ou protestants donnent la priorité aux informations historico-critiques* et exégétiques. Ils sont rédigés en allemand ou en anglais. Beaucoup s'inspirent du KEK, *Kritisch-Exegetischer Kommentar über das Neue Testament* (« commentaire critique et exégétique du NT », Göttingen, XIXe siècle).

Les pratiques interprétatives

L'Église catholique attache la même importance à la tradition* qu'aux écrits bibliques. Pour elle, la tradition représente le contenu permanent de la doctrine et de la foi, transmis à chaque époque. Lorsqu'il lui faut prendre position, l'Église confie au seul magistère*, c'est-à-dire le pape et les évêques, le soin d'interpréter authentiquement les Écritures et la tradition. Dans la pratique, les théologiens et les exégètes* catholiques ont tenu à garder une liberté de recherche et d'interprétation*. Les Églises protestantes, à la suite des grands réformateurs du XVIe siècle, suivent le mot d'ordre : *sola scriptura*, l'Écriture seule. En conséquence, pour le protestantisme, l'autorité de la Bible en matière de foi prime sur l'autorité doctrinale des Églises.

L'étude

Le premier contact avec les textes bibliques a lieu dans le cadre de la catéchèse, qui est l'initiation religieuse chrétienne. Comme les textes sont traduits, l'apprentissage des langues bibliques n'est pas requis. Des groupes d'étude biblique permettent d'approfondir les connaissances. Les études bibliques systématiques sont suivies dans les instituts et les séminaires où sont formés les religieux, les prêtres, les pasteurs ou les laïcs. Les facultés de théologie* assurent l'enseignement et la recherche biblique spécialisés.

Les sens de l'Écriture

À la suite des Pères de l'Église, les Églises ont distingué plusieurs niveaux d'interprétation des Écritures : le sens littéral, le sens moral et le sens spirituel. Certains y ajoutent le sens plénier. Les études critiques de la Bible contestent ces distinctions, et ne craignent pas les « *conflits d'interprétation* » (Paul Ricœur).

Le christianisme n'est pas à proprement parler une religion du livre. Il se définit davantage comme une religion vouée au témoignage de foi. Aussi, les manières de lire et d'interpréter la Bible sont sans cesse actualisées.

L'exégèse moderne

L'exégèse moderne de la Bible doit beaucoup aux méthodes historico-critiques* d'analyse littéraire (Spinoza et son *Traité de théologie politique*, 1670, Simon et son *Histoire critique du Vieux Testament*, 1678).

Baruch Spinoza (1632-1677).

Quelques notions

Établir un texte fiable et analyser les interprétations* possibles, tel est l'objet des recherches menées par les exégètes juifs et chrétiens. La tendance à confondre interprétation, commentaire* et exégèse* est très répandue, y compris dans les milieux les plus influents des instances religieuses. Or ce sont des démarches bien spécifiques. L'interprétation représente les résultats obtenus, à propos d'un texte, par quiconque en cherche la signification qu'il juge pertinente. L'herméneutique est une science de l'interprétation, et formule des théories interprétatives. L'exégèse (du grec *exêgêsis*, « explication ») est la science de l'interprétation philologique et doctrinale d'un texte, en vue d'en expliquer le sens et la portée ; appliquée aux textes bibliques, elle entretient un lien étroit avec la théologie*. Le commentaire consiste à recueillir, phrase par phrase, l'ensemble des observations, des explications et des analyses faites à propos d'un texte.

Les modes littéraires de la Bible

Les travaux les plus récents en exégèse s'intéressent à l'analyse des qualifications du texte biblique. Beaucoup s'inspirent des recherches de Paul Ricœur pour qui la Bible est organisée autour de cinq modes littéraires, ou « discours » (*La Révélation*, 1977) : des séquences prophétiques, narratives, prescriptives, de sagesse, ou sapientiales, hymniques.

Petit glossaire de l'exégèse

Apparat critique : notes infrapaginales donnant l'état des variantes* de chaque passage. Autographe : un livre manuscrit de la main même de son auteur. Codex : manuscrits (sur parchemin

sources | texte | livres

ou papyrus) reliés en cahiers. Corpus : ensemble d'écrits d'une même catégorie. Glose : annotation insérée dans un texte pour faciliter la compréhension d'un passage ou d'un mot. Péricope : unité littéraire d'un texte biblique clairement délimitée en raison de sa forme et de son contenu. Recension : révision complète des textes bibliques aux IVe et Ve siècles en vue d'en faire un texte de référence. Rouleau : manuscrit bobiné en rouleau. Témoins : toutes les copies antérieures à l'invention de l'imprimerie, à savoir les manuscrits, les citations faites par les auteurs anciens et les versions (traductions anciennes). Texte : contenu des Écritures* transmis par les manuscrits, les versions et les éditions. Texte reçu : texte devenu courant et officiel dans la liturgie* et l'enseignement, surtout à partir des XVIe et XVIIe siècles ; on dit aussi texte standard. Variante (ou leçon) : manière différente de rendre un passage d'un texte, et qui s'écarte de la façon habituellement admise de le lire. Version : traduction de la Bible ; les versions anciennes sont antérieures à l'an 1000. Vulgate : version répandue d'un texte sacré* ; version latine de la Bible entreprise par saint Jérôme.

Le travail des textualistes

Les exégètes spécialisés dans l'établissement du texte biblique sont appelés « textualistes ». Ils s'efforcent par la critique textuelle de comparer, de classer, de hiérarchiser les différents témoins du texte et d'en établir la parenté ou la filiation. Lorsque plusieurs « leçons » (manières de lire un passage biblique controversé) entrent en conflit, la règle est : *lectio brevior probabilior*, « la leçon la plus courte est la plus probable ».

Les nouvelles approches

L'exégèse actuelle privilégie les nouvelles méthodes d'analyse littéraire (rhétorique*, narrative, sémiotique), les approches par les sciences humaines (sociologie, anthropologie, psychanalyse) ou les approches contextuelles (féminisme, théologie de la libération).

Un conflit qui n'en finit pas

Paul Ricœur, spécialiste des questions herméneutiques, va jusqu'à dire à propos des approches de la Bible : *« D'un côté, la lecture savante ; de l'autre, la lecture confessante. Entre les deux, un abîme. »* (*Herméneutique. Les finalités de l'exégèse biblique*)

L'exégèse met en œuvre tous les outils de l'analyse littéraire, de la critique textuelle et de la réflexion théologique pour éclaircir la connaissance des origines du texte biblique, décrire sa transmission et analyser scientifiquement sa compréhension.

Les lectures plus « typées » de la Bible

Il existe des lectures non conformistes des Écritures*. Elles ont en commun d'aborder les écrits à partir de présupposés politiques, philosophiques ou religieux.

Le fondamentalisme

En tant que doctrine religieuse, le fondamentalisme est apparu au tout début du XXe siècle au sein du protestantisme d'Amérique du Nord. Ce courant, issu des milieux conservateurs, prône un moralisme rigide. Sa conception du monde est dualiste, car il analyse les situations à partir du combat entre le bien et le mal. Il est né en réaction aux lectures sociales de la Bible, aux théories évolutionnistes et aux thèses modernistes. Pour le fondamentalisme, la Bible serait à l'abri de toute incohérence théologique, scientifique ou historique, et il convient alors d'interpréter chacun de ses énoncés à la lettre.

Concordisme, évolutionnisme et scientisme

À partir de l'étude des symboles bibliques, mais en opérant une lecture « forcée » des textes, des auteurs se sont aventurés à combler la frustration née face à l'essor prodigieux de la science. Ils ont décrété que toutes les découvertes scientifiques, et tous les événements de l'Histoire étaient annoncés par la Bible. Dans *La Bible : le code secret* (1998), partant d'une étude informatique des lettres et des chiffres de la Bible, Michael Drosnin prétend avoir découvert la prédiction de l'assassinat de Yitzhak Rabin...

Les Témoins de Jéhovah et les millénaristes

Le mouvement d'où sont issus les Témoins de Jéhovah et qui a été fondé à Pittsburgh (Pennsylvanie), en 1872, par Charles Taze Russel (1852-1916), s'inscrit dans la ligne du messianisme millénariste, auquel appartiennent notamment les adventistes du septième jour. Ils attendent le retour du Christ, l'inauguration de son millénaire de restauration religieuse, et la bataille décisive entre Dieu-Jéhovah et les forces sataniques. Les Témoins de Jéhovah pratiquent une exégèse* littérale. Tous les chiffres de la Bible sont minutieusement interprétés. Dans leur Bible, intitulée *Les Saintes Écritures. Traduction du monde nouveau*, les passages qui font allusion à la divinité de Jésus sont systématiquement retouchés.

Les lectures politiques et sociales

Les approches politiques et sociales de la Bible ont connu leur essor depuis 1960. Elles sont pratiquées par des chrétiens comme le catholique Gustavo Gutiérrez (né en 1928) ou le protestant* Georges Casalis (1917-1987) engagés dans les luttes en faveur des minorités, que ce soit en Amérique latine, en Afrique ou en Asie. Ces chrétiens identifient Jésus avec les opprimés, et interprètent sa mission comme une libération. Ils s'appliquent à justifier, par la Bible, leurs luttes contre les inégalités économiques et sociales et toutes les formes de discrimination.

L'ésotérisme

Pour les penseurs du courant ésotérique d'inspiration* juive, chrétienne ou musulmane, il existe un sens caché de la Révélation*. Ce sens est inaccessible au grand public. Seuls y ont accès des initiés, à travers une tradition* transmise par une chaîne ininterrompue de maîtres et de disciples. La connaissance acquise est considérée comme une illumination salvatrice. Les grands mystiques* ont été de près ou de loin marqués par l'ésotérisme. Origène (IIIe siècle), un Père de l'Église, était familier de l'interprétation* ésotérique. Dans le judaïsme, le *sefer ha-Zohar* (entre 1260 et 1280), attribué à Moïse de León, est l'exemple d'une approche ésotérique de la Bible. Récemment, dans *Une lecture ésotérique de l'évangile de Jean* (1994), Ferdinand David s'est essayé à une lecture ésotérique des symboles bibliques.

Bible et psychanalyse

Les relectures psychanalytiques de la Bible s'emploient à prouver que les récits bibliques sont révélateurs des angoisses et frustrations qui habitent les hommes et les femmes. Les écrits du théologien allemand Eugen Drewermann (né en 1940), condamnés en partie par la hiérarchie catholique, sont caractéristiques de cette approche psychanalytique. Ils se situent au carrefour de la philosophie, de l'exégèse allégorique et de la psychanalyse.

Le féminisme et la Bible

Né avec *The Woman's Bible* (« La Bible de la femme », New York, 1885), le courant féministe a connu une certaine notoriété dès 1970. À partir des méthodes historico-critiques* de l'exégèse, les études féministes de la Bible se présentent comme une contribution théologique au mouvement de libération de la femme.

Entre les lectures fondamentalistes les plus conservatrices et les théologies* de la libération les plus radicales, il existe un large éventail d'approches non conformistes de la Bible.

Bible et Coran

Malgré les nombreux recoupements possibles, le Coran n'est pas une paraphrase de la Bible.

Muhammad connaissait-il la Bible ?

Les chrétiens que le prophète* Muhammad (v. 570-632) a pu fréquenter étaient des adeptes des doctrines jugées hérétiques par les grands conciles* œcuméniques de Nicée (325), Chalcédoine (451) et Constantinople (553). Ce sont, entre autres, le monophysisme (« il n'y a qu'une seule nature dans le Christ », doctrine professée par les Coptes d'Égypte et les jacobites de Syrie), et le nestorianisme (« il y a deux natures séparées dans le Christ », doctrine adoptée par les nestoriens de Perse).

Le judaïsme rencontré par Muhammad dans la péninsule arabe et les régions limitrophes est fortement tributaire des doctrines répandues par les écrits juifs apocryphes. Par ailleurs, plusieurs sectes judéo-chrétiennes formées de chrétiens issus du judaïsme ont trouvé refuge en Arabie. On compte parmi eux des descendants de la communauté de Qumrân*.

Même si Muhammad et ses compagnons ont pu connaître la Bible hébraïque ou le Nouveau Testament, les représentations du judaïsme et du christianisme avec lesquelles ils étaient familiers étaient largement infléchies par les courants religieux de la péninsule arabe.

Le statut de la Bible selon le Coran

Le Coran admet explicitement l'existence de révélations antérieures à la prédication de Muhammad. Il attribue à cinq groupes d'écrits le statut de livres révélés. Ce sont les « feuilles » d'Abraham, la « *Torah* » de Moïse, les « Psaumes » de David et l'« évangile » de Jésus. Mais en même temps, le Coran estime que les écrits bibliques en usage dans le judaïsme et le christianisme ont été falsifiés. Seule la recension coranique des traditions bibliques est jugée crédible.

Le Coran dans la tradition musulmane

Le texte du Coran (de l'arabe *qur'ân*, « récitation ») a été révélé en langue arabe à Muhammad par l'ange Gabriel entre 610 et 632. Il compte environ 6 236 versets*, classés en 114 sourates.

L'interprétation* du Coran se fait à la lumière des enseignements du prophète Muhammad. Ceux-ci sont consignés dans les recueils de hadîths, dont l'ensemble constitue, après le Coran, la seconde source normative de l'islam. Une autre instance d'interprétation du Coran est l'avis des premières générations de docteurs de l'islam.

La théologie* musulmane considère le Coran comme la Parole incréée de Dieu, exempte de contradictions, inimitable dans son contenu comme dans sa forme. Les musulmans lui attribuent une autorité éminente et absolue. Ils affirment qu'il vient clore le cycle des révélations* antérieures.

Lecture du Coran (Paris, mosquée de la rue de Tanger).

Les convergences et les divergences entre la Bible et le Coran

Considérés sous l'angle de leur forme littéraire, la Bible et le Coran ont en commun de faire alterner des hymnes*, des récits, des sentences, des codes, des paraboles*, des exhortations, des confessions de foi. En principe, dans la Bible, ces genres littéraires sont isolés – ou isolables – les uns des autres. Le Coran, en revanche, pratique le mixage systématique des genres littéraires à l'intérieur de chaque sourate.

La Bible et le Coran ont en commun plus d'une vingtaine de personnages. D'Adam à Jésus, ce sont, entre autres, Abraham, Moïse, Salomon et Jean-Baptiste. La particularité du Coran consiste à intégrer tous ces personnages dans une lignée prophétique dont le point culminant est en Muhammad, appelé le « sceau des prophètes ».

La Bible et le Coran reconnaissent en Dieu le Dieu unique et éternel, créateur et juge. Ce Dieu se révèle aux hommes par les prophètes, leur confie sa loi, invite au culte d'adoration, à la justice, aux actes de piété et de pénitence. À la fin des temps, il ressuscitera les hommes et les rétribuera selon leurs actes. À la différence du NT qui voit en Jésus le Fils de Dieu, vivant et ressuscité, rédempteur* et sauveur* des hommes, le Coran proclame que chaque homme sera seul devant Dieu. Au jour du jugement, il n'y aura ni médiateur, ni intercesseur.

La doctrine que le Coran contient consiste à montrer qu'une nouvelle lignée monothéiste est inaugurée avec Muhammad. Pour les musulmans, une continuité logique existe entre l'islam et les monothéismes* juif et chrétien.

Guide de lecture

À raison de trois pages par jour, il faut une année pour lire la Bible intégralement, Ancien et Nouveau Testament compris. N'y parvient que le lecteur qui se donne une méthode de lecture.

La première approche

Se procurer une Bible d'étude. Il en existe plusieurs éditions, par exemple la TOB, la Bible de Jérusalem, la Bible Pastorale, la Bible d'Osty. Elles comportent toutes des introductions à chaque livre, des notes historiques, littéraires et théologiques, une chronologie, des cartes et un index.

Repérer les principaux « cycles » et « ensembles », c'est-à-dire les sections de la Bible qui se présentent avec une certaine homogénéité littéraire et thématique. Se proposer d'en lire plusieurs intégralement (*voir* brève ci-contre).

Découvrir les genres littéraires de la Bible : les hymnes* (par exemple, les Psaumes* 145-150, ou la prière sacerdotale de Jésus en Jean 17,1-26), les allégories (Ézéchiel 31), les paraboles* (Matthieu 13,1-52), les oracles* (par exemple, les oracles d'espérance en Jérémie 26-33), les prophéties (Isaïe 24-27), des textes sous forme de sermon (le livre de Qohélet, le sermon sur la montagne en Matthieu 5,1-7,29, la Lettre aux Hébreux*), les discours (le discours de Moïse en Deutéronome 1-4 ; le discours d'Étienne en Actes 7,1-53), un passage apocalyptique (Apocalypse 6-11), les codes (Exode 20,1-21, Deutéronome 12-26 ; Matthieu 5,17-48), les récits (David et Goliath, en 1 Samuel 17,1-18,5, ou l'enfance de Jésus en Luc 1-2), les biographies (en Jérémie 34-45), les lettres (la Lettre aux Romains), les écrits de sagesse (par exemple, Job 38,1-40,5 ; Siracide 42,15-43,33), les poèmes (Deutéronome 32,1-43 ; 2 Samuel 22,-23,7).

À l'aide des tables thématiques des bibles ou d'un dictionnaire thématique, s'initier à l'approche thématique de la Bible. Lire l'un ou l'autre passage

Découvrir les textes fondateurs

De la foi monothéiste et de la foi juive en particulier, par exemple : le sacrifice d'Abraham en Genèse 22,1-19 ; le buisson ardent et la révélation du nom divin à Moïse en Exode 3,1-15 ; l'institution de la Pâque et le passage de la mer Rouge en Exode 12,1-15,21 ; l'Alliance au Sinaï et le don de la Loi en Exode 19-20. De la foi chrétienne, par exemple : le sermon sur la montagne en Matthieu 5,1-7,29 ; les apparitions de Jésus ressuscité en Luc 24 ; 1 Corinthiens 15.

où il est question des thèmes suivants : alliance, amour, création, détresse, espérance, fidélité, foi, homme-femme, jugement, justice, libération, mort, paix, résurrection, salut, universalisme.

Quelques cycles ou ensembles

Le cycle d'Abraham (Genèse 12,1-25,18), le cycle de l'Exode (Exode 12,1-18,27), l'ensemble des oracles d'espérance au cours de l'exil (Jérémie 26-33), la passion et la résurrection de Jésus (Jean 18,1-21,25), les grandes missions de Paul (Actes 13,4-21,16).

La lecture approfondie

Cinq perspectives se présentent au lecteur : constituer une bibliothèque de base, avec les manuels les plus utiles ; travailler en équipe (il existe partout des groupes d'étude biblique) ; lire la Bible livre par livre, en adoptant un plan de lecture (il existe des plans de lectures bibliques annuels, réédités chaque année) ; s'initier à l'étude de texte et à l'analyse du contenu des péricopes* bibliques : repérer les mots-clés, les acteurs et leur localisation dans le temps et l'espace, la doctrine énoncée, les symboles, etc. ; rédiger des fiches de lecture, péricope par péricope, thème par thème.

La lecture « croyante »

La lecture croyante n'interdit pas d'autres approches. Elle intègre une conviction : à travers les Écritures*, Dieu se communique. Selon cette perspective, le lecteur cherche à nourrir sa foi à travers des textes qu'il considère comme autant de « paroles de vie » révélées. Selon ses centres d'intérêt, il peut mettre l'accent sur : la mémorisation des textes, la méditation selon les règles de la *lectio divina* (lecture méditée), l'étude des péricopes lues aux offices* dans le judaïsme ou le christianisme, l'application des méthodes de l'actualisation (qui consiste à voir comment les énoncés d'un texte biblique peuvent éclairer la vie d'aujourd'hui et inspirer la conduite des personnes ou des groupes). Le lecteur peut aussi combiner ces différentes approches.

La Bible est un des joyaux de la littérature religieuse de l'humanité. Mais son langage, ses procédés littéraires, ses allusions à des traditions d'une autre époque risquent de dérouter le lecteur d'aujourd'hui. D'où l'utilité de se donner une méthode de lecture.

La Bible, l'art et la littérature

La Bible contient plusieurs versets* qui prohibent formellement la représentation de toute personne ou de tout animal sous forme de peinture, d'image ou de statue. D'un autre côté, il n'est pas rare de voir la Bible faire... l'éloge de l'activité artistique !

> **Bible et imprimerie**
>
> **L'ampleur de la diffusion de la Bible entreprise par les Églises protestantes au XVIe siècle a été un facteur déterminant dans l'essor de l'art de l'imprimerie, de la reliure artistique ou de la gravure à thème religieux. Le premier ouvrage imprimé, le Psautier (1457), suivi de la Bible au complet d'après la Vulgate latine, est l'œuvre de Gutenberg (XVe siècle).**

Les arts bibliques

À beaucoup d'égards, en tant que livre sacré*, la Bible a suscité une étonnante activité de création littéraire et artistique. Les différentes versions de la Bible se présentent habituellement dans une forme littéraire irréprochable. Si la langue hébraïque a traversé les siècles et a pu survivre en tant que langue littéraire, c'est grâce au maintien de l'usage de lire la Bible en hébreu* dans le judaïsme. D'un autre côté, et sauf de rares exceptions, chaque nouvelle traduction de la Bible est un événement littéraire. Enfin, il est notoire que les Églises issues de la Réforme* ont contribué à l'émergence de l'allemand et de l'anglais modernes en diffusant largement la Bible imprimée dans ces langues.

Dans le judaïsme surtout, mais aussi dans certaines liturgies* chrétiennes, la coutume veut que les textes bibliques soient psalmodiés au cours des offices* : lecture ou récitation des écrits sacrés en suivant une mélodie fixée par des règles de cantilation. Dans les Églises orthodoxes* et dans certaines liturgies monastiques catholiques, l'habitude de psalmodier les évangiles a été maintenue.

Dans le judaïsme comme dans le christianisme, le chant religieux est souvent d'inspiration* biblique. La plupart des cantiques protestants* traditionnels sont tirés des Psaumes*. Le *Gospel song* (« chant d'évangile »), très populaire aujourd'hui, est l'une des formes du chant religieux des Noirs d'Amérique du

Les quatre êtres ailés

Quatre êtres ailés symbolisent les quatre évangélistes (l'homme pour Matthieu, le lion pour Marc, le taureau pour Luc, l'aigle pour Jean).

Nord. Son répertoire puise directement dans la Bible. La religion juive exige que le texte du Pentateuque lu à la synagogue* soit manuscrit, copié sur parchemin par un scribe (*sofer*) selon des règles immuables. L'arche où sont conservés les rouleaux de la *Torah* est elle-même l'objet d'une riche décoration. Par ailleurs, les bibles manuscrites juives ou chrétiennes anciennes sont souvent décorées d'enluminures.

Quelques locutions et proverbes issus de la Bible

Antédiluvien (le Déluge) ; être le benjamin (du nom de Benjamin) ; être le bouc émissaire (Aaron qui « chargeait » un bouc de toutes les fautes), s'en laver les mains (Pilate) ; pauvre comme Job, vieux comme Mathusalem, semer la zizanie (la parabole de l'ivraie).

La thématique biblique dans l'art

L'icône de la *Trinité* de Roublev (XVe siècle), les fresques de Michel Ange (XVIe siècle), le *Retour du fils prodigue* de Rembrandt (XVIIe siècle), les vitraux de Marc Chagall (XXe siècle) sont des chefs-d'œuvre du patrimoine artistique universel.

Les œuvres sculptées d'inspiration biblique sont en général intégrées dans l'architecture des églises catholiques et orthodoxes. Le judaïsme, tout comme le protestantisme, entretient d'énormes réticences à l'égard de la sculpture figurative.

Il n'est pas rare que les productions cinématographiques brodent avec plus ou moins de succès autour des biographies bibliques, surtout celles de Moïse (*Les Dix Commandements*, 1923, puis 1956, de Cecil B. De Mille,) et de Jésus (*L'Évangile selon saint Matthieu*, 1964, de Pasolini). La fin des années 1980 a été florissante en productions jugées provocantes par les autorités religieuses : entre autres, *La Dernière Tentation du Christ* (1988) de Scorsese.

Les compositions musicales se sont aussi intéressées à la thématique biblique, avec des œuvres comme la *Passion selon saint Jean* (1723) et la *Passion selon saint Matthieu* (1729) de Bach, *Le Messie* (1742) de Haendel, *La Création* (1798) de Haydn, le *Moïse* (1827) ou le *Stabat Mater* (1832-1841) de Rossini. En revanche, à ce jour, la littérature n'a pas produit d'œuvres majeures inspirées directement de la Bible.

Les rapports entre la Bible et les arts n'ont pas toujours été harmonieux. Cela n'a pas empêché la production d'une impressionnante activité artistique autour du livre sacré et des récits qu'il renferme.

Les traductions de la Bible en français

Quelle Bible choisir ? Aucune traduction ne peut prétendre emporter tous les suffrages.

La Bible dans tous ses états

Quatre critères peuvent être pris en considération pour caractériser la présentation et les traductions de la Bible.

Le critère confessionnel part du principe que chaque confession religieuse privilégie une version ou une manière de traduire la Bible. Il existe ainsi : des bibles confessionnelles (bibles hébraïques, catholiques, protestantes), interconfessionnelles (versions œcuméniques par exemple).

> **La traduction de Chouraqui**
>
> **La traduction de Chouraqui, écrivain juif et homme politique, couvre l'AT et le NT et tente de restituer les tournures hébraïques du langage biblique.**

Le critère de l'usage permet de distinguer entre :

– des versions liturgiques, destinées aux besoins du culte ; elles sont de bonne qualité littéraire ;

– des bibles d'étude, dont l'objectif est de restituer le plus fidèlement possible le sens du texte hébreu* ou grec ; leurs traductions sont davantage littérales ;

– des bibles à usage pastoral*, éditées en vue de l'initiation religieuse, de la grande diffusion, de la prédication* ; la traduction est alors dite « traduction dynamique », c'est-à-dire présentée en langage courant, dans un texte facile à mémoriser.

Le critère de la présentation permet de différencier :

– les lectionnaires, adaptés à la lecture liturgique, présentés sous une belle reliure (christianisme) ou en rouleau manuscrit (judaïsme) ;

– les bibles de travail, avec notes détaillées, index, tables, chronologies, cartographie ; il existe des bibles d'étude en fascicules, accompagnées d'un commentaire* suivi verset* par verset ;

– les éditions de luxe, souvent présentées en fascicules, avec illustrations et iconographie ;

– les éditions partielles de la Bible : par exemple, le Pentateuque seul, ou le Psautier, ou le Nouveau Testament, ou les Évangiles ;
– les bibles de poche ;
– les bibles pour enfants, toujours illustrées, ne donnant que des extraits du texte ;
– les bibles enregistrées sur disque, cassette, CD-ROM.
Le critère de la langue aide à faire la part entre les bibles dont le texte reproduit une version ancienne (hébreu, araméen*, grec, arabe, syriaque, latin, etc.), celles éditées en version bilingue (hébreu-français, grec-français, ou latin-français, etc.) et les polyglottes, où les versions anciennes et les langues modernes sont mises en parallèle.

La Bible des Témoins de Jéhovah

Elle est intitulée *Les Saintes Écritures. Traduction du monde nouveau* ; cette version opère une censure de tous les passages où il est question de la divinité du Christ.

Petit guide des traductions en fonction du critère confessionnel

Bibles hébraïques : la Bible du rabbinat (la plus répandue), deux traductions du Pentateuque (*La Torah vivante* et *H'oumach torat emet. Pentateuque hébreu français avec Dinim et Haftarot de l'année*).
Bibles catholiques : la Bible d'Osty (traduction littéraire rigoureuse, avec des notes scientifiques, mais vieillies), la Bible de Jérusalem (grande qualité littéraire avec des notes critiques remarquables et mises à jour), la Bible Pastorale établie par les moines de Maredsous (notes pastorales et liturgiques intéressantes), la Bible de Crampon, la Bible des peuples, la Bible de la Liturgie.
Bibles protestantes : la Bible de Segond (traduction littéraire de type classique et rigoureuse, qui fait autorité dans toutes les Églises issues de la Réforme*), la Bible du Semeur, la Bible Darby.
Bibles interconfessionnelles : TOB (œuvre de grande qualité, réalisée par des exégètes* catholiques et protestants* ; langue littéraire, notes scientifiques), la Bible en français courant et la Bible « Parole de Vie » (traductions « dynamiques », avec un vocabulaire accessible).

Bibles non confessionnelles

La Bible de la Pléiade (la plus connue, style littéraire, annotations bien informées).

À chaque époque, il a fallu adapter les versions, les traductions et la présentation de la Bible en fonction des besoins et des contextes. En fait, la meilleure traduction n'est-elle pas celle qui donne au lecteur l'envie de lire la Bible jusqu'au dernier verset ?

Tableaux chronologiques

Chronologie de l'histoire des Hébreux et d'Israël (de 1850 av. J.-C. à 70 apr. J.-C.)

Datation approximative	Événement
1850 av. J.-C.	arrivée d'Abraham en Canaan
1250	exode d'Égypte, et révélation de la Torah au Sinaï
1220-1200	établissement des Hébreux en Canaan
1200-1020	période des Juges
1020	Saül unifie les tribus en Royaume
1010-970	règne de David
970-931	règne de Salomon ; construction du premier Temple de Jérusalem
931	partition du royaume en deux : Juda et Israël
722	prise de la Samarie par les Assyriens
587-586	prise de Jérusalem par Nabuchodonosor II ; destruction du Temple ; déportation à Babylone
586-538	second exil à Babylone
538	édit de Cyrus II qui autorise le retour des exilés ; reconstruction de Jérusalem et du Temple
538-332	restauration juive à l'époque perse
332	Alexandre le Grand conquiert la Judée
332-142	domination hellénistique
320-200	Judée sous domination des Lagides d'Égypte
200-142	domination de la dynastie Séleucide du royaume de Syrie
167-142	révolte des Maccabées
142-63	règne de la dynastie hasmonéenne
63	entrée de Pompée à Jérusalem ; il impose le contrôle de Rome sur la Judée
37-4	règne de Hérodote Ier le Grand
4 à 41 apr. J.-C.	dynastie hérodienne
66-70	guerre juive
70	prise de Jérusalem et incendie du Temple par Titus

Chronologie des débuts du christianisme

Datation approximative	Événement
vers 7-6 av. J.-C.	naissance de Jésus
vers 5-10 apr. J.-C.	naissance de Paul à Tarse
26-36	Ponce Pilate procurateur
27	prédication de Jean-Baptiste ; début du ministère de Jésus
30 ou 31	mort de Jésus ; Pentecôte ; fondation de la première communauté chrétienne, l'Église de Jérusalem
36 ou 37	martyre d'Étienne
	conversion de Paul ; fondation de l'Église d'Antioche
45-49	premier voyage de Paul
49	assemblée de Jérusalem, dite « concile de Jérusalem »
50-52	deuxième voyage de Paul
53-58	troisième voyage de Paul
64 ou 67	martyre de Pierre et de Paul à Rome

Chronologie de la composition des écrits de l'AT
(sources : Bible d'Osty et TOB)

Datation approximative (av. J.-C.)	Livres
xe siècle	Psaumes (du xe au IIe siècle)
IXe siècle	Pentateuque (du IXe au Ve siècle) source « yahviste » du Pentateuque
800-750	source « élohiste » du Pentateuque
750-550	Proverbes
740-701	Isaïe Osée Amos Michée
700-622	source « deutéronomiste » du Pentateuque
627-587	Jérémie
593-571	Ézéchiel
587-450	source « sacerdotale » du Pentateuque Josué Juges 1 et 2 Samuel 1 et 2 Rois

Datation approximative (av. J.-C.)	Livres
550-539	Deuxième Isaïe
538-450	Troisième Isaïe
520	Aggée
520-380	Zacharie
450	Job
380	Qohélet
370	Cantique
330	1 et 2 Chroniques
200	Tobit
190	Siracide
180	Esther hébreu
170	Daniel
150	Psaumes (fin de la rédaction)
140	Esther grec
125	Judith
124	2 Maccabées
100	1 Maccabées
50	Sagesse

Chronologie de la composition des écrits du NT

Datation approximative (apr. J.-C.)	Livres
51	1 Thessaloniciens ; 2 Thessaloniciens
56	1 Corinthiens ; 2 Corinthiens ; Philippiens
56-57	Galates
57-58	Romains
61-63	Éphésiens ; Colossiens ; Philémon
63-67	1 Timothée ; Tite
64	1 Pierre
65-70	Marc
67	2 Timothée
67-68	Hébreux
80	Matthieu ; Luc ; Actes
80-90	Jean ; Jacques ; 1 Jean ; 2 Jean ; 3 Jean ; Jude
95	Apocalypse
125	2 Pierre

Glossaire

Apôtres : titre donné aux disciples et compagnons de Jésus chargés d'une mission.

Araméen : ensemble de parlers sémitiques répandus en Palestine*, en Syrie et en Égypte, surtout entre le IXe siècle av. J.-C. et le VIIe siècle apr. J.-C.

Canaan : nom biblique de la Phénicie-Palestine*, appelée aussi Terre promise par les Israélites.

Canon : ensemble des livres admis comme divinement inspirés et intégrés dans la liste des écrits formant la Bible.

Commentaire : étude commentée de la Bible livre par livre, verset* par verset.

Concile : assemblée des évêques de l'Église convoquée pour statuer sur une question.

Conversion : changement d'appartenance religieuse ; entrée dans une confession.

Croyances : ensemble des vérités d'ordre dogmatique ou religieux auxquelles une personne ou un groupe adhère.

Diaspora : dispersion des membres d'un groupe religieux par rapport à l'espace dont ils sont originaires.

Écritures : livres sacrés* d'une religion.

Esprit saint : dans la Bible, le souffle divin ; dans le christianisme, Dieu en tant que troisième personne de la trinité.

Exégèse : science de l'interprétation* philologique et doctrinale d'un texte.

Hébreu : une des langues sémitiques, devenue la langue sacrée* de la Bible hébraïque.

Hébreux : peuple sémitique du Moyen-Orient ancien, qui a émigré en Canaan* ; dans la tradition de la Bible hébraïque et de l'AT, il est appelé le Peuple de Dieu.

Historico-critique (méthode) : méthode qui aborde les faits en évaluant leur valeur et leur portée en fonction de leur cadre historique.

Homélie (ou sermon) : commentaire* des lectures d'un texte biblique dans le cadre d'un office* religieux.

Hymne : (au féminin), poème religieux composé de louanges.

Idolâtrie : culte rendu à une idole, qui est la représentation matérielle d'une divinité.

Inspiration : impulsion divine par laquelle est communiquée la révélation*.

Interprétation : résultats obtenus, à propos d'un texte, par quiconque en cherche la signification qu'il juge pertinente.

Liturgie : ensemble des composantes du culte instituées par une religion.

Loi orale : normes religieuses non consignées dans les Écritures*, et transmises oralement.

Magistère : dans l'Église catholique, instance formée du pape et du collège des évêques, qui détient et exerce l'autorité doctrinale.

Massorète : spécialiste de la massore, c'est-à-dire de la science des annotations du texte biblique.

Messie : personnage désigné et envoyé par Dieu comme libérateur.

Monothéisme : croyance* en un Dieu unique.

Mystique : relatif à la sphère spirituelle, non accessible à la raison ; personne qui s'adonne aux pratiques du mysticisme.

Narratif : composé de récits.

Office : cérémonie liturgique.

Oracle : parole inspirée par Dieu et prononcée en vue de communiquer un avis divin.

Orthodoxe : conforme à la doctrine officielle d'une religion ; l'orthodoxie est l'une des grandes divisions du christianisme oriental apparue au XIe siècle.

Paganisme : culte polythéiste.

Palestine : région du Proche-Orient délimitée par la Méditerranée à l'ouest, au sud par le Néguev, à l'est et au nord par la dépression du Gohr et de la mer Morte.

Parabole : récit allégorique.

Pastoral : relatif à l'activité des pasteurs ou des prêtres dans le christianisme.

Patriarches : les trois pères fondateurs de la religion juive et du monothéisme* : Abraham, Isaac et Jacob.

Pères de l'Église : des théologiens avisés du christianisme primitif (IIe-VIIe siècle).

Péricope : petite unité littéraire ou section d'un texte clairement délimitée en raison de sa forme et de son contenu.

Prédication : action de prêcher, de faire l'homélie* ou le sermon ; son contenu.

Prophète : homme élu par Dieu, dont il est le porte-parole.

Protestant : membre de l'une des Églises chrétiennes issues de la Réforme* (XVIe siècle).

Psaumes : poèmes à usage liturgique contenu dans le psautier biblique. La prière des Psaumes est au cœur de la prière quotidienne juive et chrétienne.

Qumrân : site d'un ancien monastère essénien en Palestine*, où furent découverts en 1947 de très anciens manuscrits ayant trait à la Bible.

Rabbin : docteur de la loi juive, qui exerce des fonctions juridiques, d'enseignement ou de prédication*.

Rédempteur : le Christ, à qui est reconnue, dans le christianisme, la mission de racheter et de sauver l'humanité entière.

Réforme : dans le christianisme, mouvement religieux qui fonda, au XVIe siècle, le protestantisme.

Résurrection : retour des morts à la vie à la fin des temps.

Glossaire (suite)

Révélation : phénomène par lequel des vérités engageant l'adhésion croyante sont livrées par Dieu à la connaissance de personnes ou de groupes de façon surnaturelle ; le contenu de ce qui est révélé.

Rhétorique : forme donnée aux textes en vue de leur transmission.

Rite : ensemble des usages liturgiques d'une religion.

Royaume de Dieu : dans le judaïsme, ère future où l'humanité reconnaîtra Dieu comme Maître de l'univers ; dans le christianisme, nouveau règne de Dieu inauguré par Jésus.

Sacré : qui appartient à un domaine séparé de tous les autres en raison d'un usage cultuel ou de pratiques religieuses spécifiques.

Samaritains : descendants de tribus non juives convertis au judaïsme et habitant la Samarie (centre de la Palestine*) ; ils n'admettent pas la *Torah* orale et ne retiennent de la Bible que le Pentateuque.

Sauveur : l'un des titres du Messie*, considéré comme celui qui vient apporter le salut et la rédemption.

Septante : première traduction en grec de la Bible hébraïque.

Synagogue : lieu du culte et de la vie communautaire du judaïsme.

Synode : assemblée locale ou régionale des responsables d'une Église, d'une religion.

Théologie : étude scientifique des questions religieuses fondée sur les textes sacrés*, les dogmes et la tradition.

Tradition : dans l'Église catholique, processus ininterrompu de transmission de l'enseignement des apôtres* de Jésus à chaque génération.

Variante : manière différente de rendre un passage d'un texte, qui s'écarte de la façon habituellement admise de le lire.

Verset : la plus petite division textuelle.

Vulgate : version répandue et officielle d'un texte sacré* ; version latine de la Bible entreprise par saint Jérôme.

Bibliographie

Guides bibliographiques d'ensemble

Panorama d'ensemble

Des livres au service de la Bible. Guide bibliographique, Cahiers évangile, n° 69, Cerf, 1989 (près de 900 titres répertoriés).

Les bibles en hébreu et en grec

Pour l'initiation, il convient de recommander les éditions bilingues hébreu-français (comme la traduction du rabbinat français en 3 vol.) ou grec-français (par exemple, le *Nouveau Testament interlinéaire grec-français,* qui est accompagné de trois traductions : une traduction littérale, la traduction de la TOB et la traduction de la Bible en français courant).

Les bibles d'étude

Elles comportent toutes des introductions, des notes littéraires, historiques et théologiques, et sont dotées de tables, d'index, de cartes, de chronologies. Les plus courantes sont la *Bible de Jérusalem,* Cerf, 2000 (une version illustrée en 18 fascicules existe aux éditions du Signe) et la *Traduction œcuménique de la Bible* (TOB), Cerf, Société biblique française, 1988.

Les bibles grand public

Leur nombre est incalculable, et elles sont de qualité inégale. La version la plus répandue est *La Bible. Ancien et Nouveau Testament. Traduction en français courant,* Alliance biblique universelle, 1997. Cette version, commune à toutes les Églises, existe avec, ou sans, les livres deutérocanoniques. *Le Nouveau Testament,* éditions du Signe, 2000, reprend la même traduction, accompagnée de notes et d'illustrations.

Les encyclopédies et les dictionnaires

Supplément au Dictionnaire de la Bible, Letouzey et Ané, 1999 (très érudit).
Dictionnaire encyclopédique de la Bible, Maredsous, Brepols, 1987 (bon instrument de travail).
Dictionnaire biblique, Éditions du Moulin, 1985 (thématique).
Vocabulaire de théologie biblique, Cerf, 1991 (thématique théologique).
Dictionnaire des noms propres de la Bible, Cerf, 1996.
Dictionnaire culturel de la Bible, Cerf, Nathan, 1990 (approche culturelle).

Les introductions à la Bible

Pour les enfants :
Bible junior, Édition du Signe, 1999.
Pour les jeunes : *Le Livre de la Bible* (t. 1 : AT ; t. 2 : NT), Gallimard, 1985-1987.
Pour une première initiation (adultes) :
Bagot (Jean-Pierre) et Dubs (Jean-Claude), *Pour lire la Bible,* Les Bergers et les mages, Société biblique française, 1989 ; Bowker (John), *Le Grand Livre de la Bible,* Larousse, Cerf, 1999 ; Charpentier (Étienne), *Pour lire l'AT,* Cerf, 1994 ;

Bibliographie (suite)

CHARPENTIER (Étienne), *Pour lire le NT*, Cerf, 1981 ; GIBERT (Pierre), *La Bible, le livre, les livres*, Gallimard, 2000 ; MEYNET (Roland), *Lire la Bible*, Flammarion, 1996 ; PAUL (André), *La Bible : histoire, textes et interprétations*, Nathan, 1998.

Pour approfondir :

HARRINGTON (Wilfrid), *Nouvelle introduction à la Bible*, Seuil, 1971 ; CHARPENTIER (Étienne) et PAUL (André) (sous la direction de), *Petite Bibliothèque des sciences bibliques*, Desclée de Brouwer, 11 vol. prévus ; GEORGE (Augustin) et GRELOT (Pierre) (sous la direction de), *Introduction à la Bible*, Desclée de Brouwer (3 tomes ; 8 volumes pour le N.T.) ; QUESNEL (Michel) et GRUSON (Philippe) (sous la direction de), *La Bible et sa culture*, Paris, Desclée de Brouwer, 2000 (t. 1 : AT ; t. 2 : NT)

Les revues

Surtout :

Les Cahiers évangile, Cerf ; *Les Suppléments aux cahiers*, Cerf ; *Le Monde de la Bible*, Bayard-Presse ; *Les Dossiers de la Bible*, Cerf ; le *Bulletin d'information biblique*, Service biblique évangile et vie et Équipes de recherche biblique.

Les manuels et guides de lecture

Un guide de lecture à recommander :

Lire l'Ancien Testament. Une initiation (2 vol.) et *Lire le Nouveau Testament. Une initiation* (2 vol.), Service biblique évangile et vie.

Pour découvrir l'exégèse :

Association Biblia, *Explorer la Bible*, Cerf, Médiaspaul, 1999 ; CONZELMANN (H.) et LINDEMANN (Andreas), *Guide pour l'étude du Nouveau Testament*, Labor et Fides, Cerf, 1999.

Quelques instruments de travail

Un atlas :

ROGEESON (John), *Nouvel atlas de la Bible*, Brepols, 1985.

Les concordances sont des tables de tous les textes bibliques où apparaît un mot recherché. Il existe des concordances de la Bible de Jérusalem, de la TOB et de la Bible de Segond.

Table pastorale de la Bible. Index analytique et analogique, par PASSELECQ (George) et POSWICK (Réginald Ferdinand), Sénevé, 1982, permet une recherche analytique plus large.

Les synopses présentent le texte des évangiles en parallèle.

Celles de BENOÎT (Pierre) et BOISMARD (Marie-Émile), Cerf, sont les plus connues.

Les collections de commentaires

Les éditions Colbo (coll. « La Bible commentée », bilingue, en cours de parution) pour la Bible hébraïque ; Labor et Fides (coll. « Commentaires de l'AT, du NT ») et Bayard Éditions-Centurion (coll. « Commentaires ») pour le christianisme publient des commentaires bibliques, livre par livre.

Bible, informatique et documents audiovisuels

Un centre informatique sur la Bible

Le « Centre informatique et Bible » est né à l'abbaye bénédictine de Maredsous (Belgique). Plus de 25 bibles complètes sont enregistrées, analysées ou accessibles électroniquement au CIB-Maredsous.

Le CIB a publié : un CD-ROM Heuriciel-Nauticiel des 3 bibles (La Bible Pastorale, la Traduction œcuménique de la Bible, la Bible de Jérusalem).

« Centre informatique et Bible » :
Informatique & Bible
Rue de l'Abbaye, 11 Maredsous, B5537 Denée, Belgique
e-mail : cib@cibmaredsous.be

Une sélection de CD audio

La Bible AT et NT, Frémeau et associés (sélection de 200 textes par Ph. Gruson ; 10 CD et livret de 40 p.)

L'Évangile selon saint Matthieu. L'Évangile selon saint Marc. L'Évangile selon saint Luc. L'Évangile selon saint Jean, éditions Jade-Médiaspaul-BMG (4 CD ; traduction de la Bible de Jérusalem ; texte intégral dit par des comédiens professionnels).

Une sélection de CD-ROM

BJ4-La Bible de Jérusalem, Cerf, Les temps qui courent (texte français avec en regard le texte hébreux et grec ; concordances et index).

Digibible (Traduction œcuménique de la Bible-TOB).

Bible on line, les éditions Clé (dictionnaire biblique sur ordinateur ; outil de recherche et d'étude puissant ; plus de 60 bibles).

Bible Works 4.0 (programme de recherche sur les textes originaux et les traductions actuelles).

Découvrir la Bible, Cerf, Desclée de Brouwer, coll. « Intelligere » (36 textes majeurs de la TOB et 144 textes associés, 60 œuvres d'art, atlas).

Le Monde de la Bible dans vos neurones, CREA 7 (encyclopédie interactive pour adolescents).

Abraham, le Père des croyants, Cité de l'Évangile, ICAM, Lille, 1999 (enfants 8-12 ans).

Clip Arts bibliques pour l'AT et le NT, Masters Art Collection (un album d'illustrations bibliques).

Ictus.Win, Paris, ADIC, Association de diffusion informatique catholique (textes de la Bible de Segond et de la Bible de Jérusalem ; textes grecs, hébreux, latins ; avec textes théologiques).

Les Évangiles – 2 000 ans d'art occidental, La Croix - Le Monde de la Bible (310 tableaux, récits, biographies, œuvres musicales, texte intégral des 4 évangiles et synopse).

Bible, informatique et documents audiovisuels (suite)

Une sélection de cassettes vidéo
La Bible, Voir et Dire – Alpa (6 coffrets de 2 cassettes consacrées à l'AT).
La Bible. Dessins animés, Film Office - Voir et Dire (coffret de 4 cassettes ; pour enfants).
La Bible sur le terrain, Radio RCF (7 coffrets de 4 cassettes).
Superlivre, 13 cassettes de dessins animés bibliques, réalisées à partir d'émissions diffusées à la télévision.

Cassettes vidéo réalisées à partir de films
Les plus connues : *L'Évangile selon saint Matthieu,* Pasolini, diffusé par Voir et Dire et Film Office ;
Jésus de Nazareth, Zeffirelli, Film Office.

Quelques sites internet
www.interbible.org
(moteur de recherche biblique où sont répertoriés associations et institutions, chercheurs, langues anciennes, portails, publications ; pour se spécialiser)
www.tradere.org/biblio/bible1.htm
(moteur de recherche sur le texte de la Bible de Jérusalem, de la TOB, etc.)
www.la-bible.net
(informe sur les publications de l'Alliance biblique universelle ; donne une idée de la diffusion de la Bible dans le monde).

Index *Le numéro de renvoi correspond à la double page.*

Dans la collection ***Les Essentiels Milan***
derniers titres parus

Dans la collection ***Les Essentiels Milan Junior***

Responsable éditorial
Bernard Garaude
Directeur de collection – Édition
Dominique Auzel
Secrétariat d'édition
Anne Vila
Correction – Révision
Claire Debout
Iconographie
Sandrine Batlle
Conception graphique
Bruno Douin
Maquette
Isocèle
Fabrication
Isabelle Gaudon
Hélène Zanolla

Crédit photos
© P. Thebault - Ciric : pp. 3, 10 / © B. Cavanagh - Ciric : p. 15 / © A. Pinoges - Ciric : p. 47 / © Giraudon : p. 22 / © Historical Picture Archive - Corbis : pp. 7, 28 / © Richard T. Nowitz - Corbis : p. 20 / © Christie's Images - Corbis : p. 33 / © Bettman - Corbis : p. 42 / © Leemage : pp. 4, 30, 36

ISBN : 2-7459-0225-3
D. L. septembre 2001.
Aubin Imprimeur, 86240 Ligugé
Impr. P 62057